教育理论与思想政治管理

夏秀莉　时 静　邹满丽　著

中国纺织出版社

图书在版编目（CIP）数据

教育理论与思想政治管理／夏秀莉，时静，邹满丽著．--北京：中国纺织出版社，2017.9（2025．5重印）
ISBN 978-7-5180-4140-4

Ⅰ.①教… Ⅱ.①夏… ②时… ③邹… Ⅲ.①高等职业教育－教育理论②高等职业教育－思想政治教育－研究－中国 Ⅳ.①G718.5

中国版本图书馆CIP数据核字（2017）第241449号

责任编辑：韩　阳　　　责任印制：储志伟

中国纺织出版社出版发行
地址：北京市朝阳区百子湾东里A407号楼　邮政编码：100124
销售电话：010—67004422　传真：010—87155801
http://www.c-textilep.com
中国纺织出版社天猫旗舰店
官方微博http://weibo.com/2119887771
河北晔盛亚印刷有限公司印刷　　各地新华书店经销
2017年9月第1版　2025年5月第2次印刷
开本：710×1000　1/16　印张：7.25
字数：200千字　定价：60.00元

凡购本书，如有缺页、倒页、脱页，由本社图书营销中心调换

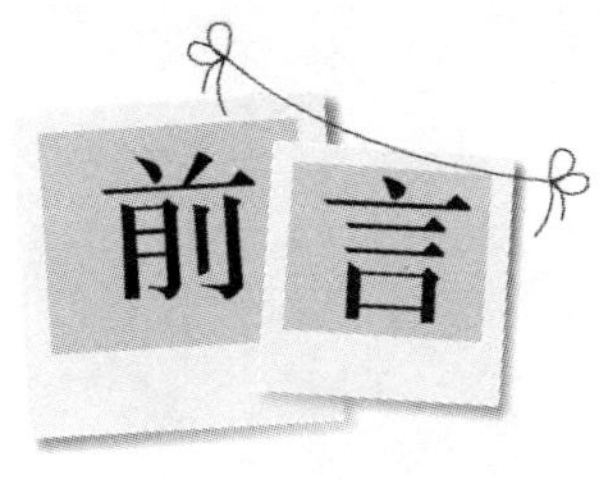

本书论述了关于教育和管理理论方面的内容。

本书运用了五个章节论述了高等职业教育结构改革、运行机制改革、教学组织模式、管理系统控制、科研管理和对策等相关理论，其核心就是要确立职业院校真正落实面向社会自主办学的法人地位，完善体现职业院校办学和管理特点的绩效考核内部分配机制，实现依法治教、依法治校，进一步激发职业院校的办学活力。

本书在研究过程中，付出了编著者的心血和努力，希望给予教育工作者以启迪。如有不当之处请读者海涵。

著者

2017年3月

第一章

概　述

要实现“积极发展高等职业教育”的方针，推进我国高等职业教育事业的发展，首先要对高等职业教育本身的概念有一个科学、准确的认识和界定，同时要弄清其特征以及在国民经济发展中的地位和作用。这样，才能正确地把握方向、取得好的研究效果。

第一节　高等职业教育的内涵

所谓内涵，是指一个概念所包含的重要内容。研究高等职业教育的内涵，须从高等职业教育的类型和层次的界定入手。我国目前把整个教育分为四大块，即基础教育、高等教育、成人教育和职业教育。若做具体分析，不难发现其中有的按学历层次、有的按职前职后、有的按教育性质，这种分法缺乏统一标准，不能正确反映教育的内在联系及其规律，也不利于统筹规划与管理。我们认为，对教育层次的划分，应和世界大多数国家相一致，分为初等、中等和高等教育，由这三个层次构成一个教育体系。这种教育体系又可分为两种类型，即普通教育体系——初中、高中、大学；职业教育体系——初职、中职、高职。这里，我们仅就高等职业教育进行研究。

高等职业教育在我国相当于普通教育体系中的大学专科层次。该类教育在联合国教科文组织1976年制定的《国际教育标准分类》中属于第三等级、第一阶段教育（授予不等同于大学第一级学位的学历证明的教育）。这个层次在国外是很丰富的，包括19个大类、共123个课程计划组。这19个大类是：师范、美术和应用艺术、人文学科、宗教和神科、社会科学和行为科学、商业和企业管理、法律和法学、自然科学、数学和计算机科学、医学诊断和治疗、手工工艺、工艺和工业、工程学、建筑机械、农学、林学和渔学、家教学、运输和通信服务性行业、大众交流和文献学及其他。而我国现行的高等职业教育则包括：高中文化（含普通高中、职业高中、中专、中技）以及在职的、相当于高中文化程度的、人员的各种正规、非正规，学历、非学历，职前、职后等多种形式的职业教育和培训，其中有正规职业教育、职业资格证书教育、工人技术等级培训等。

这里须提出的是，所谓正规职业教育和职业资格证书教育，是指对高中毕业生和在职人员为取得专业技术岗位、管理岗位和关键技术岗位任职资格而进行的教育和培训，其合格证书可作为取得任职资格的依据之一。

综上所述，高等职业教育从类型上看，是职业性质的高等教育；从层次上看，是职业教育的高级阶段。这样界定不仅与国际教育标准分类相一致，而且符合当前我国高等职业教育的客观情况，也便于与世界各国教育接轨。王明达同志在全国职业教育工作会议上，对于高等职业教育内涵做了精辟的概括，指出："高等职业教育是属于高等层次的职业教育，是高等教育的一部分，是一种特殊类型的高等教育。"这是十分准确而科学的。

从20世纪九十年代末以来，我国高职教育进入了一个新的发展时期，"在校生规模已占整个高等教育在校生的50%以上"，为实现我国高等教育大众化和推动社会经济发展做出了重要贡献。高等职业教育已进入从规模发展到内涵发展跨越的关键时期，因此，探讨高等职业教育的内涵特征具有十分重要的意义。高等职业教育是高等教育的一种类型，是职业技术教育的高层次教育阶段。高职教育的这个属性决定了高职教育在办学理念、办学模式、办学水平等方面，均须达到高等教育的基本要求。作为职业技术教育的高层次教育阶段，高职教育还带有明显的职业教育属性，即"职业性"，这是它的特色属性，这一特征将高职教育与普通高等教育区别开来。此外，与其他类型的教育相比，职业教育，尤其是高等职业教育更需要开放办学，以市场需求为导向，以行业、企业为依托，通过走产学合作、校企结合之路，面向社会、依靠企业、被社会所接纳、为企业服务，成为社会经济发展的生力军。其内涵主要表现在以下几个方面：

一、高等职业教育是“三位一体”的教育

美国著名的哲学家、教育家杜威（John Dewev）在他的著作《民主主义与教育》一书中曾经提到：“教育即生活，职业教育运动的重要意义在于改革传统的‘读书学校’，学校自身须有一种社会的生活，须有社会生活所应有的种种条件，学校的学业须和校外生活连贯一气。芝加哥大学的福斯特（Philip J.Foster）教授在他的《发展规划中的职业学校谬误》一文中曾经指出，“职业培训应与职业工作情景相关，但正规的学校职业教育往往做不到这一点”，“正是职业学校这些固有且又自身难以克服的缺陷，决定了学校本位的职业教育最终难以避免失败的命运。因此，就结果而言，职业学校只能是一种‘谬误’”。可见，职业教育要改变传统封闭式、不适应现代社会需求变化的“学校本位”的办学模式、突破“就教育论教育”的模式、突破传统小教育观念，加强职业教育与政府以及企事业单位的沟通、联络，把职业教育同社会政治、经济、科技发展紧密联系起来，着眼于全社会。这也就是现代高等职业教育从“大职业教育主义”的观念出发，追求一种政府、企业和职业学校“三位一体”的全新混合办学模式。这种“三位一体”的教育模式，要求政府、企业和职业学校能够各司其职、各尽其能、相互协调、共同发展。其中，政府主要承担制定职业教育相关法律、监督与评价的职责；企业作为职业教育的主要支持者和参与者，责任与利益并存、权力与义务共在，主要负责技能培训、参与课程开发和设计、与学校共同制定教学目标、为学校培养“双师型”教师、推荐工程技术人员或高技能人才到学校担任兼职教师，并承担一定的师资培训费用、提供实习实训的场所等；职业学校是学生进行理论学习的主要场所，在学生学习期满后经考核合格，可以获得相应的毕业证书和学历证书。另外，需要特别强调的是，“三位一体”教育模式的构建必须以法律作为其生存与发展的基础和保障，政府在制定相关法律时要力求做到条款翔实、可操作性强，并且奖罚分明，以保证企业和职业院校均依据法律履行各自的责任和义务、行使各自的权力、分享各自的利益。

二、高等职业教育培养的是知识、能力、情感等均衡发展的高级技能型专门人才

现代社会经济的发展对高等职业教育的发展提出了新的要求，特别是随着知识经济社会的逐渐到来，知识变得越来越重要，而且对知识的内涵，特别是对显性知识和隐性知识的理解也越来越深入。其次，随着社会的不断发展，能力的内涵越来越丰富，能力越来越成为影响人们生存与发展的关键因素，特别是创新能力对人们的影响日益重要，越来越受到人们的重视。再次，情感和态度也将社会性目标之外的人文目标包含进来，也成为影响人们发展的重要内容。因此，高等职业教育的专业培养质量标准应该建立在学生知识、能力和情感的均衡发展上，实现学生个体发展的整体最优。其中知识方面主要包括隐性知识和显性知识。显性知识包含学科理论性知识、素质性知识和部分经验性知识，隐性知识指存在于个体内部的、难以用语言描述的知识，包括工作过程性知识和部分经验性知识，显性知识与隐性知识的交替螺旋上升完成了学生知识的掌握；能力包括技术能力、职业能力和关键能力；情感包括心理状况、职业道德、人文素养等。

高等职业技术教育的目标是为生产、建设、管理和服务一线培养高等技术型、应用型人才，其必须“具有必要的理论知识和较强的实践能力”，在注重能力培养的同时，高等职业教育还着重培养具有创新精神、终身学习能力和可持续发展的技能型专门人才。

三、高等职业教育具有人才培养、实用新技术开发、为区域经济服务等多种职能

2015年，温家宝同志在全国职业教育工作会议上的讲话中指出：“我国职业教育的根本任务就是培养适应现代化建设需要的高技能专门人才和高素质劳动者。”因此，以市场职业需求为导向，培养技能型专门人才不仅是职业教育的核心职能，也是它和普通教育的显著区别所在。职业教育强调以培养学生职业技能

为核心，以职业岗位群的需要为依据制定教学计划，在进行职业能力分析的基础上，构建学生的知识、能力、素质结构。职业知识和职业能力的提高，主要着眼于产业结构和产品结构的调整，通过不断更新教学内容、调整课程结构、培养学生掌握新设备与新技术的能力，使毕业生具有适应性强的职业特点。同时，职业教育培养的是将设计、规划、决策变为物质形态的产品或对社会提供服务产品的技能型人才，工作场合是基层部门、生产一线和工作现场，工作内涵是将成熟的技术和管理规范转变为现实的生产和服务。

职业教育通过为企业培养人才，加深了职业院校与企业的了解。企业在生存与发展过程中，需要不断地使用新技术与新工艺。这些技术与工艺可以由企业自身研制完成，也可以与其他部门共同完成。职业教育面向生产一线，可以凭借天然的优势和较强的技术开发能力，为企业进行实用新技术的开发。职业教育（主要以高等职业教育为主）通过进行科学技术的研究和开发活动，能够直接进行科学技术的“生产”，为社会和企业提供有价值的科学技术成果。同时，通过培养各种技能型专门人才，向包括企业在内的所有科学技术“生产”部门输送各种专业化劳动者，保证了科学技术“生产”部门的“再生产”得以有效进行，从而也加快了科学技术转化为直接生产力的速度。

高等职业院校是根据区域的社会、经济、文化、教育、人口等因素来办学的，其出发点和落脚点主要是为区域经济建设服务，其专业设置、课程内容、服务项目都密切适应地方和行业的需要，突出体现服务地方性和行业性特征。其功能主要表现在为区域经济造就技能型人才、传递和再生产科学技术、发展知识产业和营构市场经济软环境等方面。

四、高等职业教育通过市场需求确定人才培养类型和规模

在我国计划经济体制下，国家以计划方式进行招生与培养。随着市场经济的逐步确立，以计划方式进行招生越来越成为高职学生就业困难的原因之一。因为“教育计划”是国家在对经济发展趋势宏观分析的基础上，对未来教育培养数

量与结构的宏观数据的预测，不一定等于企业所需的人才的数量和结构。以这种预测为依据而制定的计划是“宏观”的，往往会造成人才的数量和质量与企业需求“脱节”。因此，我们过去习惯采用的国际上“人力资源派”所支持的、以“供应”为目标的“人力规划”显然早已不适应今天我国市场经济的迅速发展和国际潮流的思维定势。鉴于职业教育始终与社会的发展和经济交换部门的流动变化有着密切的联系，职业教育的发展始终要受到经济中就业机会的制约，而就业机会的创造又来自于经济发展本身，因此，职业教育只能被动的反映经济发展的需要，而不可能通过主动的人力供应来促进经济的发展，在人力培养上跑到经济发展之前。这也就是福斯特早在40多年前就强调的“职业技术教育的发展必须以劳动力市场的就业需求为出发点。”1991年，世界银行的职教研究报告也证实了“以需求为动力的职教能满足市场需求，而以供应为目标的职教则较少成效。”对于高等职业教育来说，其培养目标是面向生产和服务第一线的高级技术型人才，其毕业生不仅懂得某一专业的基础理论与基本知识，更重要的是他们具有某一岗位群所需要的生产操作和组织、管理能力，并能在生产现场进行技术指导和组织管理、解决生产中的实际问题，还应善于处理、交流和使用信息，并指导设备、工艺和产品改进等。因此，只有通过人才市场和就业单位的实际需求来制定人才培养的目标、规模和类型，才能使高职教育培养出来的人才更科学、更有效地适应市场经济的需要。

五、高等职业教育通过产学结合、校企合作的方式来培养学生

福斯特认为，许多发展中国家的职教之所以失败，其中一个重要原因是没把非正规的职业培训作为职业教育的一个主要组成部分来予以重视，只注重学校形态的所谓“正规职业教育”。尽管职校在人才培养上有规模效益，但是这种规模效益有时会导致某种规格的人力供过于求。因此，为改变职校教育与企业实际需求“脱节”的现象，福斯特认为最好的解决办法是在中、低级人才培养上走“产学合作”的道路。这一思想与我们今天所倡导的产学结合、校企合作的办学

模式如出一辙。2017年3月9日，劳动和社会保障部副部长张小建在校企合作培养高技能人才工作视频会上的讲话中指出："在肯定高技能人才工作，特别是培养工作取得新成绩的同时，我们也看到，各地在实践中创造出的新经验，其中最具实效也最带有方向性的一条，就是校企合作加速培养高技能人才的经验。"可见，经过长期的理论研究和实践经验证明，只有走工学结合、校企合作的产学研一体化道路才更能够体现教育与生产劳动相结合，才是最具实效性的办学模式和人才培养模式，这也是当前世界范围内对职业教育的一个主流认识。近年来，许多职业院校纷纷开展了多方位、多层面的校企合作模式的探索，其中校企联合的"订单式"人才培养模式逐渐突显其优越性，为职业培训开创了新局面。"订单"教育首先由企业根据自身发展战略和经济状况而确定人才需求数量和质量，然后委托职业院校进行培养。职业院校在规定的时间内依据企业所需人才数量、知识水平以及职业技能等要求"订单"为企业培养人才。这个"订单"是针对本企业的、是"微观"的，相对于国家的宏观预测要准确得多。因此，在高等职业教育中开展"订单"教育，一方面可以解决学生就业问题，同时为高等职业院校的教学更加深入具体、贴近生产的实践，走出了一条更为明确的道路，实现了职业院校为地方经济发展服务的目标；另一方面，也可以满足企业对人才的需求问题，不仅直接为企业创造了经济效益，而且也为企业储备了"准员工"，更能节省资源，是实现企业和学校互惠互利、互动双赢的良好机制。

第二节　高等职业教育的基本特征

高等职业教育的基本特征，是指其特有的办学方向和办学宗旨、特有的性质和任务以及特有的专业设置和培养目标等。与其他类型的教育相比，高等职业教育具有不可替代的自身属性和作用。

高等职业教育是现代教育的重要组成部分，是工业化和生产社会化、现代化的重要支柱，是教育通向经济的重要渠道。它既是高等教育的一部分，但又不等同于普通高等教育，它的典型代表是各地由地方政府创办的职业大学。下面分析高等职业教育的特点，不妨运用解剖麻雀的方法，以职业大学为例。

一、办学体制的地方性

职业大学办学的主体是地方政府，这是一个显著特点。这一特点已被概括为一句话：地方大学地方办，地方大学为地方。改革开放以来，特别是社会主义市场经济体制建立以来，许多中小城市在经济建设和社会进步方面均得到很大的发展。这时，各地深感教育和科技的严重滞后，而这种滞后，归根到底是人才的滞后，特别是高级专业技术人才和应用型人才的严重匮乏。这种严峻的现实，像一根根绳索，捆住了本市经济发展的手脚。因此各地在制定按中央战略实施“经济翻两番—小康—中等发达水平”三步走的总体规划时，都把兴建职业大学、发展高等职业教育作为地方规划的重要组成部分。实践证明，一个地方的高等职业教育发达程度，是当地经济发达程度的重要标志之一。当今世界，在发达国家或发展程度较快的发展中国家，其大学生入学率和万人的大学生比例都远远高于我国，这是因为他们不仅有普通高等学校，而且还有大批地方高校。如美国和加拿大，每个社区都有一所社区大学；德国每个中心城市都有一所学院；法国每个拥有5万人口以上的城市就有一所短期技术学院。

很显然，职业大学办学体制的地方性，从根本上规定了其办学宗旨是“立足地方、服务地方”，也就是根据地方经济建设和社会发展的需要来办学，以便更好地为地方经济和社会发展服务。当前，随着地方经济的快速发展，急需大批能把科学技术转化为生产力的人才。像过去只依靠国家计划分配大学毕业生的办法，远远解决不了地方中小企业、乡镇企业，特别是农村对人才的需要；而职业大学拓宽了高中以上水平专业人才和职业人才通向中小企业、乡镇企业和广大农村的渠道，输送了大批“上岗快、留得住、用得上、干得好”的人才。这无疑大大缓和了供需之间的矛盾，还为地方经济建设提供了强有力的后备大军，客观上也解决了青少年升学就业难的矛盾。据资料表明，我国目前每年有600万初中毕业生、100万高中毕业生无法升学至高一级的学校。职业大学为他们提供了继续接受教育的好机会，为他们提高职业技术能力和科学文化素质创造了条件。

二、教育功能的综合性

职业大学办学体制的地方性，决定了这类学校教育功能的综合性。职业大学是为地方服务的，“地方”虽小，但五脏俱全，它需要各行业、各级各类的专门人才，还希望职业大学能不断地提供对各级各类各层人才的培训。

基于此，职业大学已形成职业教育与成人教育并存、学历教育与非学历教育并举的一种综合办学模式。目前，全国各职业大学共开设专业200余个、12大类，大体分为应用文科、工程技术、管理、财经、服务、教育、涉外、医疗卫生、政法、外语等。

另外，职业大学培养人才的规格也具有一定的综合性。地方需要的人才，除了那些专业性很强的岗位需要针对性强的人才外，大量的中小企业、乡镇企业、广大农村往往需要一专多能的复合型人才，需要既懂技术又会管理的“通才”。近几年来，许多职业大学实行“双证书制”，即学生通过学习，既要拿到所学专业的毕业证书，又要拿到一门职业资格证书。例如，邯郸大学机电系的毕业学生，他们一方面要拿到机电专业的毕业证书，还要取得家电维修工中级证书或汽车驾驶证书；尤其是艺术系的毕业学生，连续两年100%取得了装饰美工中级证书；武汉商业服务学院烹饪专业，拿到“双证书”的毕业生已达85%左右；金陵职业大学则要求秘书专业学生毕业时要“五证”在手，即毕业证书、四级或六级英语考试合格证书、二级或三级计算机过级考试合格证书、秘书岗位证书及初级驾驶员证书。总之，“双证书”“多证书”已成为职业大学功能综合性的特征之一。这也是地方经济发展和社会进步对高等职业教育的必然要求。

三、培养目标的应用性

这里说的不是指学生德、智、体全面发展的总目标，而是指具体的职业岗位业务目标或规格。通常，普通高校培养的是理论型人才、研究型人才和工程型人才，而职业大学培养的则是高级应用型人才。正如国家教委《关于推动职业大学改革与建设的几点意见》中阐明的：“职业大学要直接面向地方经济建设，面向中小企业和乡镇企业，担负着为地方经济建设和社会发展培养高级（部分中级）应用技术管理人才的任务。”这里以工程技术领域为例：工程科研人员或工程师、高级工程师主要从事工程技术的研究、设计和开发工作，完成的是由科研成果向设计图纸和工艺规程的转化任务。这种工作的性质，要求其对工程技术的科学性、规律性把握，所以这类人才的培养，一般由普通高等工程院校的本科教育承担。而工程专业的应用型人才，其工作主要是把工程设计图纸转化为具体物质形态的产品或装备。这种工作性质，同样也决定着这类人才必须以转化能力为核心，即从图纸转化为物质的过程中，他们有指导能力、管理能力、操作能力，有分析问题和解决问题的能力等。现代科学技术，尤其是高新技术逐步深入生产领域的今天，企业不仅需要技艺性较强的现场管理人员和组织人员，而且迫切需要技术和能力呈复合型的高级应用型人才。而这类人才的培养则是职业大学的任务。

四、专业设置的职业性

国家教委在《关于推动职业大学改革与建设的几点意见》中指出，学校的专业设置“要从职业分析入手，根据一定的职业岗位群所需的知识能力结构并兼顾长远需要，确定培养目标，制定切合实际的教学计划。”原国家教委副主任王明达同志提出：“职业大学的教学计划、课程设置不是按学科要求来安排，而是按适应职业岗位群的职业能力要求来确定。”普通教育的专业设置是按学科划分的。按学科设置的专业，在课程结构上是以该学科的理论体系为框架设置课程、组织教学、培养人才，注重并强调的是理论知识的系统性、完整性。而职业大学则主要是按社会职业岗位（或岗位群）来设置专业，课程结构有明显的职业性特征，即以该职业岗位所需要的知识和能力为依据来设置课程、组织教学和实习，培养能胜任职业岗位工作的人才。

它的课程内容往往是跨学科的，带有复合性的特点。但学习的着眼点并不是理论的系统性、完整性，而是综合性、实用性。这类人才颇受用人单位的青睐。在加拿大、日本等国，一些人在大学毕业后又到社区学院或业余学校学习；还有的学生甚至“脚踩两只船”，一面在大学学习，一面又到社区学院就读。究其根本原因，就在于职业院校的专业很明确，就是未来学生本人所从事的职业岗位。学生在院校学习的基本上都是职业知识和技术，一旦掌握，就会变成这种职业的行家里手。面对竞争激烈的社会现实，这类高级应用型人才最容易就业。所以职业大学专业设置的职业性，既是自身的特点，又是自身的优势。

五、教学过程的实践性

职业大学培养目标的应用性和专业设置的职业性，决定了其教学过程的实践性特色。实践性教学的主要特色就是注重理论联系实际，以能力培养为中心，着力提高学生的动手能力和解决生产、工作实际问题的能力，使教育与训练、教学与实践有机地结合起来。德国的职业教育在课程安排上注意突出学生实践能力的培养，除设置必要的文化课外，实践课约占总课时的60%—70%。学生每周在职业学校学习1天至1天半，然后到工厂、农场或其他职业岗位实践3天半至4天。近几年来，我国许多职业大学在教学过程中逐步加大改革力度，加强实践性教学环节。如邯郸大学2014年5月出台的《教学改革整体方案》，将基础课、专业基础课、专业课的学时比例由4：4：2改为4：3：3；2016年又将3个重点专业的比例由4：3：3改为3：3：4，不断加大专业课的比重，增强了实际动手能力。邢台职业技术学院、九江船校高职班的理论与实践教学的总周学时比例为1：1，在教学内容上，加大了实践和课程设计教学，突出了工艺实习训练和专业技能实习训练，学生动手能力得到增强，教学质量不断提高。

在2017年全国职业教育工作会议上，国家教委根据全国职业大学多年来试验和探索的结果，把高等职业教育的特点准确而简明地概况为几句话，即：面向基层，面向生产、服务和管理第一线，特别是面向农村和边远地区，培养实用人才；根据社会发展需要，及时调整专业设置，而不是学校有什么学科带头人就办什么专业；专业教学内容是成熟的技术和管理规范，教学计划、课程设置不是按学科要求来安排，而是按职业岗位群的职业能力要求来确定；基础课按专业学习要求，以“必须”和“够用”为度；学生在校期间，完成上岗前的实践训练、增大实训所占比例，毕业后就能基本顶岗工作；学生应具备作为第一线生产、服务和管理人才所应具备的基本素质，即包括意志品质、职业道德和职业行为等所谓的“关键能力”。

自从2009年我国提出专门安排计划以来，按照与现行办法有所不同的管理模式和运行机制举办高等职业技术教育（简称“高职”）起，我国高职就步入了快速发展时期。不仅高职院校数量、招生人数、在校生人数等方面都有了跨越式的增长，而且形成了与普通高等教育办学形式完全不同的基本特征，进而成为我国实现高等教育大众化目标的主要途径和应对高等教育大众化进程中的挑战的必然选择。

（一）“职业本位”的科学定位和专兼结合的“双师型”师资队伍

高等职业技术教育，是与高等科学教育性质不同的另外一种类型的高等教育。它的本质特征不是“学科本位”，而是“职业本位”，目标是培养生产、建设和服务第一线需要的高级职业技术专门人才。它以生产、建设、管理和服务第一线的职业岗位或岗位群作为自己的服务对象，要求毕业生掌握职业岗位或岗位群所需要的熟练的、高智力含量的应用技术和职业技能，并具有一定的适应未来职业技术变化的能力；专业知识及学科基础注重综合性，围绕职业岗位或岗位群以“必需、够用”为度；侧重制造、施工和服务方面的应用技术和职业技能，也懂得研究、设计和管理。

美国哈佛大学前校长科南特曾经说过：“大学的荣誉不在于它的校舍和人数，而在它一代一代的教师质量。一个学校要站得住脚，教师一定要有特色。”对高职教育来说，培养和建立一支高素质、有特色、优结构的师资队伍更是发展的关键。高职教育要适应社会和经济的发展、技术的进步、就业结构的变化，应对专业（工种）设置繁杂多样且灵活多变的形势，就必须使教学内容更新加快、教学方法结合实际，这些都决定着高职师资队伍的特色。2009年11月出台的《关于加强高职高专师资队伍建设的若干意见》指出：各高职院校要做好师资培养规划，力争用5～10年的时间，培养、形成一支教育观念新、改革意识强、师德高尚、有较高教学水平和较强实践能力、专兼结合的教师队伍，高级专业技术职务的比例达到专业教师总数的30%，具备“双师型”（即要求教师既应具有比较丰富的理论知识，又应具有丰富的实践经验和较强的动手能力）的教师数不低于专业课教师总数的80%。

（二）产学合作的人才培养模式和高级技术应用型人才的培养目标

产学合作又称校企合作，是指学校与相关的行业或企业在人才的教育培养和技术的开发、改造和创新过程中相互配合、共同协作。学校针对企业的实际情况和实际需要，邀请行业或企业有关专家共同研究专业设置、制定教学计划、教学大纲及课程的开发，为企业培养所需的实用型人才，特别是请企业专家承担学校的教学任务，结合实际向学生传授更实用、更通俗易懂的知识。通过依托行业或企业为学生提供良好的校内外实训基地，以解决学校办学资金不足的困难。协作企业不仅能得到毕业生的录用优先权、充实其职工队伍，还可以利用学校良好的教学环境、雄厚的科研力量和充足的教学资源进行岗位培训和继续教育，双方共同开发、研究，解决实际工作中的难题和科研课题，真正做到互利互惠、共同发展。激活校企合作的机制是高职形成其办学特色的重要保障，高职教育走产学合作道路有其必然的现实意义。产学合作模式有利于高职教育人才培养目标的实现，有利于形成多样化人才，有利于增强高职院校学生的就业竞争力，有利于改善高职院校的办学条件，最终有利于高职办学特色的形成。如同济大学高等技术学院与上海物业管理公司共同承担智能化楼宇及设施管理专业学生的教学、实训工作等等，就是这种模式的实践。

培养目标是指学生经过一定的教育与培训过程，最终达到的状态或标准。培养目标有层次、类别、范围的限定。高职教育的人才培养目标侧重于解决人才培养的方向问题，这是高职教育质的规定，这种规定性把高职教育与普通高等教育区别开来，把高职教育与中等职业教育区别开来。2009年教育部召开第一次全国高职高专教学工作会议，对高职教育的培养目标做出如下界定：高职教育要培养适应生产、建设、管理、服务第一线岗位需要的德、智、体、美等全面发展的高等技术应用型人才。

我国经济发展和竞争能力增强的“瓶颈”是劳动者的素质和创新能力低。实践证明，我们既需要一大批从事科学研究、工程设计的人才，也需要培养一大批在生产一线从事制造、施工等技术应用工作的专门人才。否则，即使有一流的产品设计、最好的研究成果，也很难制造出一流的产品。高等职业教育正是为满足这种需要及时发展起来的。其培养目标是培养与我国社会主义现代化建设要求相适应的，掌握本专业必备的基础知识和专门知识，具备从事本专业实际工作的全面素质和综合职业能力，在生产、建设、管理、服务等第一线的高级技术应用型人才。它既不同于普通高等教育培养的理论型、设计型人才，又不同于中等职业教育所培养的技能型人才。

（三）以市场为导向的专业设置和宽基础、活模块的课程模式

市场需要是专业设置的晴雨表，高职专业针对地区、行业经济和社会发展的需要，适应人才市场对企事业一线从事实际工作的高等技术人员和管理、服务人员的需求，按照职业技术领域和岗位（群）的实际要求来设置。所以“以市场为导向”进行专业设置是高职院校办学特色的重要体现。与普通高等教育相比，高职教育专业设置的特色体现在如下几方面：1.专业设置的实用性。高职教育是根据生产、建设、管理和服务第一线的实际需要，培养既有一定专业理论知识，又有较强实践能力的实用型人才。企业和用人单位对这类人才的一个重要标准就是“实用”，即高职学生毕业就要能“上岗”顶岗。2.专业设置的地方性。高职的办学宗旨就是面向地方，为地方经济建设和社会发展培养急需的一线人才。所以在专业建设上要设置一批针对性强、充分体现地域和资源优势的专业群，使高等职业教育更加贴近地方经济发展的需求。3.专业设置的变通。一方面是指高职教育培养的是一线的高级技术应用型专门人才，他们直接同生产相结合，因而受经济形势变化和经济结构调整的影响较大；另一方面是指高职在具体实现培养目标的年限、途径与手段等方面，有较大的灵活性与自主性。因高职院校的专业根据职业岗位设置，不同岗位的人才具有不同规格和技术要求，所以高职院校在专业设置时有较大的灵活性与自主性。如专业年限的周期可以为2年，也可为3年；学习方式可以全脱产，也可以半脱产；学历要求上，可开设国家承认并颁发学历资格证书的专业，也可开设当地企事业单位需要的、不发学历只发结业或培训证书的专业。4.专业设置的“宽窄并存”。教育部制定的《普通高等学校高职高专教育指导性专业目录》（试行）中的专业名称采取了“宽窄并存”的做法，该宽则宽、该窄则窄、宽窄适度。宽，指的是人才需求量大、应用范围广的专业；窄

指的是人才需求量当前不大，但其特殊技能含量较高、培养方向明确和从发展的方向看人才需求量趋向旺盛的专业。高职教育的专业设置具有明显的职业针对性，它不是按学科分类，而是按职业分类来设置专业，如汽车驾驶、会计、旅游、法律、秘书等，均以培养社会某一特定职业范围内应用型专门技术和管理人才，或者针对某种职业岗位或技术岗位来设置专业，并紧紧围绕职业岗位和技术岗位所需要的知识结构和能力来开设课程。如涉及英语的专业名称中既有“应用英语”这一较宽的专业，又有“商务英语”“旅游英语”等具有较强针对性的专业。

高职是按“模块”来构建其课程体系的。在高职课程结构体系中，“宽基础、活模块”是一种典型的课程模式，其基本特点是将整个课程结构分为基础和专业模块两部分。基础部分包括：公共基础课程、专业理论课程、专业技能课程。在“宽基础”阶段，依据“大类招生，通识教育”方法，所设课程并不针对某一工种，而是只针对某一专业大类，内容涉及一群相关专业所必备的基本知识和技能，着眼于学生的发展后劲，注意奠定继续学习和在一群相关职业中转岗的基础，强调通用技能的训练和关键能力的培养。在“活模块”阶段，所设的内容针对某一特定职业所必备的知识和技能，并以技能为主，以职业资格为导向组织教学内容，着眼于从业能力的强化，通过“多取证”提高学生的竞争力。如旅游管理专业分为景区管理、酒店管理、旅游会展与管理等方向，每个方向都开设相对宽泛、统一的基础课、专业基础课。在专业课方面，对应不同的方向，开设不同的专业课程组，即“活模块”，以分别强化不同方向的专业技能。景区管理方向开设旅游资源概论、旅游规划原理、园林设计、规划设计制图、技术经济与项目投资评估、旅游环境保护、景区管理实务等课程；酒店管理方向开设前厅与客房管理、酒店餐饮管理、人力资源管理、酒店财务管理、酒店电脑系统管理、酒店设备管理、康乐部管理等；旅游会展与管理方向开设会展概论、会展经济学、会展营销、市场调查与预测、会议策划与管理、会展环境设计、国际贸易与金融、赞助与资金筹备、现场管理、风险管理、展览策划与管理等。

（四）多元化的办学主体、生源、学制和办学体制

目前，我国高职的办学主体有六种类型：一是职业大学（职业技术学院）办高职。它的办学特色表现在：专业设置紧贴社会发展需求，资金投入是以政府投入为主、学费收入为辅、社会支持为补充的，教学过程强调学生动手能力的培养和综合素质的提高。二是普通高等专科学校办高职。它的办学优势是：在办学条件、设备上优于一般高职院校，有较成熟的管理方法，师资力量也较雄厚。三是独立设置的成人高校办高职。它的主要优势是：精力集中、思想重视，背靠行业优势，可以利用丰厚的教育资源，师资有较丰富的生产实践经验。四是普通本科二级学院办高职。这种主体办学有利于提高社会对高职的认识，有利于高职教育向高层次发展，有利于高职教育模式和人才类型的多元化，有利于实现资源共享。五是民办高等院校办高职。六是实行五年一贯制的中等专业学校办高职。

高职在生源、学制方面具有多元化的特征。不同的招生对象应该有着不同的学制，具体表现为：1.招收普通高中毕业生的高职学制。大专为三年，本科为四年。2.招收初中毕业生五年制的高职学制。3.招收中专（部分职业高中）毕业生的高职学制。4.招收其它类中职校毕业生的高职学制。5.招收高职毕业生的高职学制。这是指取得高职院校大专学历的毕业生，可以通过两年的深造，获得本科学历。以上学制中的生源主要为社会产业部门培养高等职业技术人才，这是一种职前教育培训模式，这类学生也是高等职业学校的常规生源（生源主渠道）。但事实上，职后教育培训也是我国高职在大众化阶段所承担的重要职能，它是指面向社会产业部门的在职职工招收学生，进行高等职业教育和培训。与此同时，教育部在第二次全国高等职业教育产学研结合交流会上提出，高等职业技术教育的学制将由三年缩短为两年，并在2004年步入了实施阶段。首先，教育部等七部委提出了在我国人才紧缺的数控技术应用等专业试办两年制高职教育的决策，为促进全国各高职院校因地制宜、以就业为导向、快速构建适应经济发展的两年制

高职人才培养模式提供范例。在传统的三年制以外，五年一贯制、六年贯通制在各地也已出现。如上海电机技术高等专科学校就推行一种“四五套办”的新学制，即招收初中毕业生入学，前二年按中专教学计划，学习文化基础课和一些专业基础课，后三年完成大学学业，将三年制大专和四年制中专两种学制有机结合起来。上海交通大学技术学院则正在筹划实施3（中职段）+3（高职段）模式，将中、高职教育更好地衔接起来。此外，举办本科层次、甚至研究生层次的高职也被一些学校提到议事日程上来，正在积极进行规划准备。

大众化阶段，虽然我国高职教育仍以公办为主，但已开始打破政府一家独办的格局，逐渐出现了多体制办学的良好态势，主要有这样几种类型：1.完全由政府举办。我国的各级、各类学校以往的传统体制均为公办，包括普通大专院校和各成人高校。这是目前我国高职教育的主要办学体制。2.国有民办体制。我国一些地方的普通高等院校试行在原有校园内、设置独立的二级职业技术学院，按民营机制进行运作。其主要的教学资源仍来自原国有院校，但其日常运作经费逐步自主解决，内部运作机制有了较大差别，正在向自主经营、自负盈亏、自我发展、自我约束的经营机制转化。这种“一校两制”模式是普通高校发展职业技术教育的一个方向。3.国有企业为主体，开放式、社会化办学体制。即以国有大型企业为主体，采取和国家教育行政主管部门联合举办的形式创设高职学院。在这一体制下，所有制结构仍是国有为主，吸收社会资源、实行灵活机制，这是一种很有发展前途的新型高职办学体制。由宁波大红鹰经贸有限公司与宁波市教委联合创办的宁波大红鹰职业技术学院是这种体制的代表。4.“公转民”体制。这一体制是指原本由政府举办的学校整体改制为民办。浙江万里学院就是这种体制的代表。万里学院是在原浙江农技师专基础上，由省、市教委和万里教育集团联合改制而成，成为国内首家改制的民办高校。改制后发展迅速，前景看好。5.民营企业创办新型学校体制。如浙江台州民营企业家李书福先生在吉利集团内部的“中国吉利教育中心”的基础上创设了“浙江经济管理专修学院”，并正向“浙江吉利高等职业技术学院”过渡。6.多方集资、社会办学，以股份制模式运作的体制。浙江树人大学就是此类的一个典型。该学校由政协牵头，充分利用民主党派人才济济的优势，联合各方力量，办起了一个在各方面很有影响的新型高等职业技术学校。独自创设、完全私立的体制，由企业家或教育家作为法人代表自主筹资创设。北京海淀走读大学可算是这种模式的代表，在西安等地也出现了这类高职院校。

（五）能力素质与职业素质结合的养成教育模式

高等职业教育实行的是以能力为中心、以满足岗位或职业的工作需要或就业需要为导向的素质教育，因此，必须把职业素质教育放在突出的位置上。要适应未来现代化生产的需要，不仅需要较成熟的专业知识和专业技能，而且首先需要具备适应现代化生产岗位的各种素质，只有具备了现代工业的精神或素质，才能成为现代工业的劳动者。因此，应该十分重视学生职业素质的养成教育。

所谓职业素质有三个层次：一是学生的政治素质和思想道德素质，这是职业素质的核心；二是不论什么专业的学生必须要具备的一般职业素质；三是由本专业的特殊性所决定的专门的职业素质。属于一般职业素质的有：高尚的职业道德、敬业乐业、刻苦耐劳、执著追求、一丝不苟、讲究效率与效益、准确守时、恪守信用、公平公正、遵纪守法、崇尚卓越、团结协作、完全彻底的服务精神等。专业的职业素质是由各职业或岗位的特殊要求所决定的。例如，服装专业的学生要具备敏锐的预测流行款式的能力；搞机电维修的学生要练就一身相当熟练的故障诊断能力等。由于高职院校的学生一毕业，就将是各行各业第一线的直接参加者、生产者和管理者，因此，要在全面贯彻党的教育方针的同时，特别注意培养学生良好的职业素质。例如，深圳职业技术学院，通过艰苦的劳动培养学生敬业爱岗和不怕苦不怕累的精神；通过严格的劳动时间和作息时间，培养学生严格遵守纪律的精神；通过严格工艺过程和技术标准的考核，培养学生的质量意识和一丝不苟的精神；通过在规定时间完成规定动作的训练，培养学生效率和效益第一的精神；通过自己设计、自己制作、自己评价的“三自活动”，培养学生的创新精神；通过“比武”式的技能比赛，培养学生追求卓越、精益求精的精神；同时还注重培养学生的集体主义和协作精神。

第三节 我国高等职业教育的兴起

20世纪80年代初，高等职业教育得以兴起，并且像雨后春笋般地茁壮成长起来。成立最早的是金陵职业大学、合肥职业大学、江汉大学、西安大学、成都大学、常州工业技术学院、洛阳大学等13所，后来又先后建立了东北的沈阳大学、山西的太原大学、河北的邯郸大学、广东的佛山大学、广州大学、五邑大学等，这类学校从沿海到内地，遍及全国各省、自治区。目前据国家教委提供的数据来看，全国已有职业大学88所；试办高等职业教育的高等专科学校有57所；试办高等职业教育的成人高校有45所；由中专办高等职业教育试点学校有10所；此外，还有一大批民办学校也在积极探索从事高等职业教育的路子。这是我国高等教育的一个重大发展，也是高等教育的一支生力军。

一、构建开放的高等职业教育体系

在人才培养模式上，体现当地的社会、经济、文化特征，充分利用社会资源办学。可选择以企业为本位的模式，按岗位要求组织教学；以学校为本位的模式，由高等职业院校独立组织教学；实行“双元制”模式，由学校和企业合作制定教学计划，使企业训练与接受学校教育相结合。

在管理模式上，吸引社会名流、专家、学者和企业参与高等职业院校的管理，充分发挥政府、企业、集团、个人多方投资高等职业教育的积极性；在管理方式上，实行职业教育资格标准的国家介入与行业监督并行，提高教育教学的技术含量；在学籍管理和教学管理制度上，推行学分制等更加灵活的学籍管理、教学组织和教学管理制度，实行分层教学、分专业方向教学和分阶段教育。

在办学架构上，横向扩展自身架构，包括培养目标和内部办学形式的多样性，如一校多制，允许不同培养目标在一个学校内并存等，形成中高等职业教育竞相争艳的多元化局面。

二、全面提高教育教学质量

第一，注重专业建设。专业建设是高等职业院校长期的、根本性的战略任务，对提高教育质量至关重要。紧紧围绕地方经济、社会发展，特别是高新技术产业发展的迫切需要，在专业设置和调整上，按照技术领域和职业岗位的要求，集中力量、发挥优势、培育特色，以增强专业的针对性和实用性。

第二，狠抓“双师型”教师队伍建设。可实行院企挂钩、与市场结合的路子，内培外聘，多渠道、多方法，扩大“双师型”教师、实践性教师比例；设置专门培养高等职业院校教师的机构，或设置专门培养职教师资的师范院校，以解决目前“双师型”教师匮乏的现状。

第三，良好的教学设施是提高教育质量的物质基础。各高等职业院校都要增加投入，特别是新办的和基础薄弱的院校，更要加大投入力度，加强课程开发、实验实训基地建设和图书资料的配备，使教学设施尽快达到办学条件的基本要求，保证学生有实验可做、有资料可查，为高素质创新人才的培养提供坚实的物质　保障。

第四，灵活多样的教学方法是提高教学质量的有效途径。在培养学生应用能力的教学过程中，教师不仅仅是知识的传授者、讲解者，还是指导者、咨询者；学生不再是被动地接受，而是主动地获取知识。在教学手段上，综合运用演示法、参观法、讨论法、模拟法、实习实验法、案例法及现代化电教手段，让学生边学边用，以用促学、学以致用。变“为就业而学习”为“提高就业能力而学习”；变“以教师为中心的学习”为“以学生为中心的自我学习”；变“专攻一种技能”为“寻求多种技能”的学习。

第四节 我国高等职业教育兴起的主要原因

我国高等职业教育何以能够得到如此迅速的发展，成为地方经济发展和社会进步的重要人才基地？成为我国高等教育园地中的一朵绚丽的新花？究其原因主要是以下几个方面：

一、发展高等职业教育是我国社会经济发展的客观需要

首先是我国经济产业结构调整、科技进步的需要。生产设备的现代化与控制操作的自动化，对企业生产第一线的指挥人员、现场运作人员的知识水平、知识结构和技能都提出了新的要求。如果不从加快高等职业技术教育、培养高级应用型人才入手，就必然影响我国经济的发展、科技的进步。如过去传统的金属切割铸造，现在是用计算机控制，所以，如果没有这方面的专门人才就不行。为此，需要加快发展高等职业教育，以提供人才与技术保障。

其次，是社会各行各业提高服务质量的要求。第三产业的发展，对一线服务工作人员在知识能力结构方面提出了新的、更高的要求。所以只有通过高等职业教育来培养这方面人才，才能提高服务质量、增加经济效益，这也是世界潮流。

再次，是发展和完善社会主义市场经济的需要。市场经济条件下，竞争异常激烈，其竞争核心是人才。如在计划经济情况下，厂长只要把生产搞上去就是好样的。但现在的厂长，大量的工作不在生产上，而是在市场运作上。现在的主

要问题是决策人员不适应市场经济的需要。据有关资料表明，目前在1500个预算内的国有大中型企业中，不少领导人缺乏市场经济知识和经验；为此，大力发展高等职业教育、培养新型的企业管理人才，是迫在眉睫的大事。

二、发展高等职业教育是加快调整我国高等教育内部类型结构的需要

十几年来，经过多方努力，我国的教育结构发生了重大的变化。但是这种变化主要集中在高中阶段。2016年，高中阶段职业教育所占比重很大，招生人数已占57%，在校生数约占54%，而我国高等教育结构还不能完全适应当前经济建设发展的需要，特别是缺乏适合生产第一线工作的应用型、技能型人才的培养政策和机制，办学模式单一问题没有完全解决。直到1985年全国教育工作会议才明确指出要积极发展高等职业教育，这为彻底调整、改革我国高等教育结构指明了方向、奠定了基础。

三、发展高等职业教育也是提高教育层次、增强就业能力、延缓就业压力的需要

全国职业教育工作会议明确指出："要进一步推动教育三级分流，重点发展中等职业教育，积极发展高等职业教育。"我们认为，这是符合我国国情的职业教育发展之路，也是我国职业教育发展应该遵循的方针。《职业教育法》也规定："职业学校教育分为初等、中等、高等职业教育。"在这个体系中，初等是基础、中等是骨干、高等是龙头。三个层次上下贯通、相互衔接。发展高等职业教育，可以为中等教育阶段的毕业生提供继续接受高层次教育的机会，提高就业能力、增加就业机会，同时还可以推迟这部分人的就业时间、延缓社会就业压力、维护社会稳定。

第五节　我国高等职业教育的发展历程

我国高等职业教育的发展，大体可见分为三个阶段。从时间上划分，第一阶段为1978—1985年，属创办期；第二阶段为1985—1994年，属巩固期；第三阶段为1994年以后，则步入新的发展期。

20世纪70年代末、80年代初，我国社会主义建设进入改革开放新时期，急需大批人才。然而当时大批高中生不能升入高等学府进一步深造，人才的供需矛盾十分突出。在这样的形势下，许多大、中城市依靠自己的力量因陋就简，兴办起职业大学，为地方生产一线培养急需的高级应用型人才，深受社会的欢迎。这类学校当时采取“收费、走读、不包分配”的办法。但在培养规格和培养模式上，其特色并不十分鲜明，基本上还是沿用高等专科教育的做法（2013年发布的《关于调整改革和加速发展高等教育若干问题的意见》中，虽然积极提倡大城市、经济发展较快的中等城市和大企业可举办高等专科学校和短期职业大学，但对培养规格和培养模式方面也没有作明确规定。）

基于此，许多职业大学为我国高等职业教育办出特色、闯一条新路，进行了积极有益的探索。1984年4月，由江汉大学、金陵职业大学、成都大学、合肥联合大学、无锡职业大学和杭州中专拳校发起，在武汉举行了“全国短期职业大学第一次校际协作会”。翌年11月，以职业大学为基础，成立了“中国高等职业技术教育研究会”。1985年5月，中共中央发布了《关于教育体制改革的决策》，第一次明确提出：“调整中等教育结构、大力发展职业教育”。同时提出要：“积极发展高等职业技术院校，优先招收对口中等职业技术学校毕业生，以及有本专业实践经验、成绩合格的在职人员入学，逐步建立起一个从初级到高级、行业配套、结构合理，又能与普通教育相互沟通的职业技术教育体系。”高中毕业生一部分升入普通大学，一部分接受高等职业教育。1986年国家召开了全国职业教育工作会议，并向国务院呈送了《关于全国职业技术教育工作会议情况的报告》。翌年1月，国务院办公厅向全国转发了这个《报告》。该《报告》把已有的118所职业大学明确称为高等职业技术学院。报告中说：“职业技术教育大体上可分为高等、中等、初等三个层次。”20世纪80年代中期，国家从世界银行争取到3500万美元的贷款，集中支持17所职业大学的建设，推进了高等职业教育的发展，职业大学最多时曾达120所。许多学校进行了积极的探索，闯出了一条办学路子，为高等职业教育的发展提供了极为宝贵的经验。

但是，由于认识、政策、条件等方面的原因，一些职业大学丢掉了原有的职教特色，向普通高校靠拢。1990年10月，全国普通高等专科教育工作座谈会上，提出了职业大学可以分流的意见。会后发布的《关于加强普通高等专科教育工作的意见》中提出：“现有大多数短期职业大学在服务对象、专业设置、培养目标、培养模式、毕业生走向等方面与普通高等专科学校区别甚微，实际上是由地方举办的综合性高等专科学校，办学部门应根据地区经济建设和社会发展的实际需要，认真研究这些学校的办学方向。一部分应办成以培养高级技术型人才为目标的高等职业教育；一部分根据需要，经过上级主管部门审定并报国家教委批准，可以明确为普通专科学校。”对于这条意见，当时就有人提出异议。1991年初召开的全国职业教育工作会议及其会后发出的《国务院关于大力发展职业教育的决定》，虽然都再次强调建立包括高等职业教育在内的职业教育体系的重要性，但对高等职业教育没有明显推动。据1994年统计，全国职业大学下降到82所。

直到1994年6月召开的全国职业教育工作会议上，江泽民等国家领导人又一次提出发展高等职业教育的意见，使高等职业教育步入一个新的发展时期。2015

年10月6日，国家教委发布了《关于推动职业大学改革与建设的几点意见》，明确了职业大学在我国高等职业教育事业发展的地位和作用，提出了推动职业大学改革与建设的基本要求和措施，并对切实加强职业大学的领导提出了具体要求。这是我国高等职业教育发展以来的第一个“红头文件”，极大地鼓舞了从事高等职业教育工作的同志，使职业大学的发展迎来了“第二个春天”。同年12月19日，国家教委又出台了《关于开展建设示范性职业大学的原则意见》，规定了申请试点建设示范性职业大学的基本条件和示范性职业大学的目标要求。这使我国高等职业教育的办学体系、培养目标、专业设置、办学模式、专业特色、师资队伍建设、科研方向等更加规范化、科学化、特色化，大大推动了职业大学总体办学水平的提高，促进了职业大学的健康发展。

第六节　我国高等职业教育的发展趋势

一、高等职业教育的现状与特点

近年来，随着我国经济结构的转变和经济发展理念的进步，对应用型、技能技术型人才需求不断增加，国家采取了一系列措施来促进高职教育的发展，提出了一系列方针政策来指导和促进高职教育的发展，在社会经济发展中，高职教育显示出强大的生命力。高职教育不同于普通或传统的高等教育，在培养目标、人才培养模式、教学内容方法、实验实训、师资建设、学生管理、招生制度等方面有显著特点，具有自身的教育发展规律。在服务社会经济的发展、培养技术技能型专业人才、促进人的全面发展中有着不可替代的重要作用。

（一）培养目标

高职教育是培养面向生产、建设、管理、服务第一线的高素质技术技能型人才。高等职业教育与普通高等教育相比，高等职业教育在培养学生具有普通大专理论水平的同时，更加强化实践教学、重视实训与顶岗实习、注重培养实践操作能力与专业技能。因此，高职毕业生具有职业性强、上岗快、职业技术能力适应面宽等特点，更能满足用人单位对应用型、高级技术技能型人才的需求。在培养以技术技能型人才为主线的同时，实施分类培养、分层教学，拓宽人才成长通道，为学生多样化发展提供选择，多路径成才搭建“立交桥”。

（二）人才培养模式

为了与人才培养目标相适应，高职教育的人才培养模式是关键，实践教学是重点。高职院校积极与政府部门、行业协会、相关企业密切联系合作，以资源共享、优势互补、合作育人、合作发展为出发点，深化教育教学改革，坚持校企合作、工学结合、多方联合办学等人才培养模式，积极开展委托培养、订单培养、定向培养，积极推进学历证书和职业资格证书“双证书”制度等，提高高职毕业生与市场需求的契合度，提升学生的就业能力和创新创业能力。同时，部分高职院校探索与国外（境外）职业院校合作，开办中外合作班或合作项目，引进国外（境外）先进的职业教育理念、优质师资、教学内容方法等，拓宽学校办学视野，提升高职教育的国际化水平及影响力。

（三）专业设置与布局

必须围绕服务地方经济建设及企业转型升级需求，密切联系地方社会经济发展需求及企业行业对应用型、技术技能型人才需求情况，根据区域产业发展需要，灵活调整专业设置或专业培养方向，主动融入区域经济社会发展；紧扣市场发展步伐，以需求为导向，做到学校教育与社会需求有效对接；按区域产业来设置专业，力争建设成为人才开发、技术培养、劳动力培训和技术研发服务的综合基地，在社会经济发展中具有强大的生命力。

（四）教学内容和方式

以提高学生实践操作能力和解决实际问题能力为导向，实现“教学-生产-技术”服务一体化，使学校教育更加贴近生产实际。为此，高职教育强化教学、学习、实训相互融合的教学活动，根据教学规律、学生特点和专业类型，采取工学交替、分段培养、理实一体化等灵活教学模式，推行项目教学、案例教学、实战演练、小组讨论、工作过程导向等有效的教学方式，充分体现“做中学、学中做”的教学理念，积极探索网络课程、慕课、翻转课堂等现代教育信息技术来扩大优质教育资源共享，提高教学的有效性，创新顶岗实习形式，理论教学把握必须“够用”为度，充分体现高职教育的高等性与职业性有机结合。同时，根据专业教育与行业企业对接、专业师资与企业师傅对接、教学内容与企业业务对接的要求，把行业规范、职业标准、企业用人要求作为选择评价的主要依据，强化实训实战化的实践教学，使毕业生更加贴合实际情况，符合行业企业发展对专业人才的需求。

（五）学生管理与服务

围绕学生成长、成才这个核心问题，要以社会主义核心价值观为引领，在教育教学中，根据专业特点和学生实际情况，搭建多种平台和载体，采取多种措施，实现学校教育的“一、二、三”课堂的联动，全员动员协同育人，在学习专业知识技能的同时，着力培养学生的职业素养、团队精神与责任意识、吃苦耐劳精神、创新创业意识，让学生在学校完成从“学校人”向“社会人”的转变，实现学生与员工的无缝对接。

（六）师资队伍建设

以“双师型”教师的培养为主线，要求专业教师既有一定的理论基础和研究能力，同时具备较强的实践动手操作能力，落实高职院校“教师去企业挂职锻炼”制度，提高专业教师的实践教学与解决实际问题的能力，着力提升专业教师应用研发能力，鼓励专业教师考取相关专业资格证书。同时，通过校企合作等多种措施，聘请企业相关工程技术人员、相关业务人员和高技能人才到学校担任兼职教师，建立一支专兼结合、相对稳定的师资队伍，进一步提升学校实践教学能力和水平。

（七）招生制度改革

目前采取的招生制度是同时招收中职与普高毕业生两种生源，实行单考单招、自主招生、三位一体等多种方法，考试内容采取“文化＋技能”办法等。同时，根据中、高职衔接的“3＋2”和五年一贯制等多种招生办法。进入高职院校后，根据普高学生文化基础较好和中职学生职业技能较强的特点，采取相应的课程体系和教学方法，使招收的学生对相关专业方向和职业发展具有较强适应性和稳定性，为高职毕业生多样成才、多元发展奠定扎实的基础。

二、服务方向趋向本国、本地区特色化

当前，世界各国正在致力于探索建立符合本国、本地区社会经济发展需要的高等职业教育体系。德国形成了双轨制：一条是通过文科中学为升入上一级学校做准备；另一条是通过理工科中学或一般中学升入职业学校，为就业做准备，将教育与就业衔接起来。美国、日本实行中轨制，从高中阶段就开始实施职业教育。苏联实行的是介于双轨与单轨之间的综合制，进行初中和高中后两次分流。而我国，则旨在建立并轨发展的教育体系，一是普教体系，二是职教体系。职教体系用以弥补普教体系教育功能的不足，为经济建设和社会发展培养急需的高级应用型人才。

各国政府还根据自己的需要，致力于实现高等职业教育的地区特色化，以便更好地为本区的经济发展服务。以钢铁工业为主导的美国芝加哥就着重培养为钢铁工业生产服务的人才。为实现这一目标，职业技术学院设立专门机构，其中有工业顾问委员会、专业委员会、人才调查办公室等。在韩国，许多大企业、大财团自办“职业培训院”，对在职职工进行技术培训；学成毕业后，首先满足本企业的需要，然后向其他企业输送。目前，韩国已有250多个职业技术培训院和人才培训中心。泰国气候宜人、风景秀丽，名胜古迹颇多，旅游业发达，1980年以来，旅游业外汇收入仅次于大米出口，居第二位。泰国从这一国情出发，大力发展旅游职业教育，培养旅游的高等人才，极大地促进了旅游业的发展。在我国，各职业大学为本地经济建设和社会进步服务的特色愈来愈明显，如新疆地区职业大学开设的俄语专业、内蒙古地区职业大学开设的兽医专业、昆明地区职业大学开设的橡胶专业、广东地区职业大学开设的酒店管理专业等都具有浓厚的地方特色，为当地培养出大批高级应用型人才。

三、办学体制趋向构建城乡沟通的高职教育体系与社会教育网络

职业大学的发展，使我国高等教育形成了中央、省、市三级办学的体制。目前，从一些经济发达地区的教育看，已经或将要呈现以中心城市职业大学为依托，向县市设立分校，建立城乡沟通的高等职业教育体系，大有形成社会教育网络化的趋势。如江苏省无锡市在这方面首开先河，他们依托无锡市市政府创办高校——江南大学，向该市所属的锡山市、江阴市、宜兴市和马山区辐射。锡山市和江阴市是全国百强县的第1名和第2名，宜兴市是第14名，他们的人口都超过100万，经济实力强、办学积极性高。因此，江南大学在那里办分部或分校。在管理形式上，诸如招生数量、专业种类、教育质量监控、毕业证发放等方面由总校负责，而其他方面的改组则均由分部或分校负责。这样一来，省市就不用再单独建立县属大学，有利于提高教育质量和办学效益，避免不必要的重复和浪费。按他们的初步设想，准备用15年左右的时间，把江南大学办成为万人规模的地方大学。而常州市所属的三个县（市）办学的积极性也很高，准备以常州工业技术学院为依托，从办学点开始，逐步创造条件建立分部或分校。他们还根据省市对《中国教育改革和发展纲要》的实施意见，制定出“九五”规划发展计划，逐步建立城乡沟通的高等职业教育体系和社会网络。

四、教育层次趋向高移化

高移化即指职业教育向高层次的移动，提高职业教育的水平与档次，这是

社会经济和科学技术发展的必然趋势。蜚声国际的“双元制”技术培训模式，早已延伸到高等职业教育的领域。日本在1950年创办了第一所短期大学，30多年后便超过了500所。这些学校培养的学生既有大专生，也有本科生和研究生。我国改革开放以来，高等职业教育发展也很快。在教育层次上，不少职业大学已办了本科，有的积极准备申办研究生班，使之更加适应地方经济发展和社会进步的需要。

五、办学模式趋向地区性与国际性的合作化

随着世界经济向国际化方向的不断发展，高等职业教育也出现了地区性与国际性合作的趋势。

欧共体委员会1988年7月宣布，为了实现共同培养新型企业人才的目标，共同体各国已联合建立了125个企业培训学校，正在执行400个教育交流项目，12500名各国企业的职工和690名各国企业的领导者均获得了到另一个成员国企业学习考察和培训的机会。

在继续教育方面，欧洲工程师高级培训班组织了一支由全欧洲地区大学和企业界高级专家组成的教学队伍，举办各类高级短训班。欧洲工程师高级短训班是大学与企业界相互结合的创举。

在亚洲，这种合作与交流也日益加强。以新加坡为例，它和荷兰菲利浦训练中心合作，主要培养机械加工工人，招收高中文化程度的学员，经过两年的学习后，进入职业岗位；另外，它还和日本合作创办了日本新加坡软件工艺学院、日本新加坡技术学院，并与法国合办了新加坡电子工程学院，与德国合办了新加坡生产工程学院和机器人作业训练中心等。其他国家如菲律宾、印度、印度尼西亚等国，也开始与发达国家开展合作办学，以培养本国所急需的各类人才。

在我国，不少职业大学对这种合作与交流也正在进行积极探索，以适应经济国际化的需要。金陵大学2011年参与了CCCLP（中加高中后职业技术教育合作）项目，与加拿大魁北克7所网络院校，特别是爱德华蒙帝学院进行了合作交流。通过合作，金陵职业大学吸取了国外同类学校的CBE理论和DACM方法，制订了2014年各专业教学计划，并与学院共同创建了CCCLP江苏—魁北克机械加工厂实验中心，先后对学校160名学生进行了实习培训，现已成为DACUM试点班、机电工程专业的实习基地。2013年，金陵职业大学又与澳大利亚的昆士兰州开放技术学院签署了教育交流合作备忘录，后来达成了合作交流协议。2015年9月，两校在江苏省联合开设了“国际商务”专业，招收学生236名，两校联合培养紧缺的外向型经济人才。

我国经过近20年的发展，高职教育已经发展到一定阶段，在高等教育中占据半壁江山，越来越受到人们的重视。当前高职教育的发展势头迅猛，已经成为现代职业教育体系的重要组成部分。随着社会经济的快速发展、科学技术的进步、人们对终身教育的需求，特别是全球经济一体化的不断推进，国家“一带一路”建设等发展战略的实施、互联网等信息技术的迅猛发展及在各个领域中的应用，大众创业、万众创新的大背景给高职教育的发展提出新任务，带来了新的机遇和挑战。理清发展思路，展望发展趋势、丰富高职教育理论，对于面对发展过程中的各种挑战，探索合适的发展途径、走出普通高等教育的发展定式，具有重要的现实意义。

（一）发展定位现代化

《国务院关于加快发展现代职业教育的决定》提出：“到2020年，形成适应发展需求、产教深度融合、中职高职衔接、职业教育与普通教育相互沟通、体现终身教育理念、具有中国特色、世界水平的现代职业教育体系”这一目标，高职教育作为现代职业教育体系的重要组成部分和职业教育的领头羊，至少要做到以下三个方面：1.要适应经济社会发展要求。高职教育需要适应“五位一体”总体布局要求，主动服务经济发展方式转变，和工业化、信息化、城镇化、农业现代化同步发展；主动服务人民民主建设；主动服务文化强国建设；主动服务和谐社会建设；主动服务生态文明建设。当前要紧密对接“一带一路”、京津冀协同发展、长江经济带等国家战略；2.要体现终身教育理念。高职教育需要满足人的终身学习和全面发展要求，面向人人、面向社会，着力于终身学习需求的满足，着力于全面的职业素质养成，着力人的多样性发展机会的创造，促进高职教育与其他教育的相互沟通、协调发展，服务于学习型社会建设；3.要符合高职教育规律。高职教育需要遵循技术技能人才成长规律，不断推进产教融合、工学结合、校企合作，密切产学研合作，实施现代学徒制培养模式，探索发展本科层次职业教育，完善高职教育法律法规体系、标准体系和体制机制，推动现代信息技术广泛应用，各级各类职业教育实现有机衔接和协调发展。

（二）办学模式集团化

高职院校的主要职能是要培养一线高素质技能技术型人才，主动服务社会经济发展的需求，高职院校必须是开放办学、合作办学，而不能闭门办学、独自办学。高职院校要提高自身的办学条件和办学能力，把职业教育做大做强、突显高职教育的特色，需要政府相关部门、行业协会、相关企业及院校之间进行密切合作，充分发挥各自资源优势，协同育人，实施集团化模式办学是发展必然趋势。集团化办学以服务发展为宗旨，促进就业为导向；以提高技术技能型人才培养质量为核心；以深化产教融合、校企合作、创新技术技能型人才系统培养机制为重点，充分发挥政府推动和市场引导作用，本着市场化、社会化的办学原则，凝聚国内外职业院校、行业企业及其他社会组织加入职业教育集团，探索多种形式的集团化办学模式。相关政府部门要给集团化办学提供政策等方面的大力支持，给高职教育发展提供宽松的发展环境，如教育经费的财政保障、体制机制改革创新的政策保障等；行业企业则利用自身的优势，全过程积极参与培养技术技能型人才，在师资、设备、业务等方面发挥重要作用；高职院校坚持开放办学的理念，进一步深化教育教学改革，主动融入集团化办学模式，探索适合产业发展的人才培养途径，在人才培养目标、专业布局、行业指导、课程体系、教育教学过程、师资建设、就业创业等方面实现全方位衔接。同时，为集团成员、企业员工接受职业教育及培训提供机会，拓宽技术技能型人才成长通道，取得双赢、多赢的效果。

（三）教育视野国际化

通过与国外相关院校合作办学、学习引进国外职业教育的先进办学理念、教学方法、教学内容及专业师资等途径，借鉴学习国外的先进职业教育办学经验，来创新探索高等职业教育的办学模式和教学方法。实际上国内许多高职院校办有中外合作班或中外合作办学机构就是国际化的具体体现和实践探索。我国职业教育发展，特别是高等职业教育的发展时间不长，存在许多问题和不足，需要在高职教育实践中不断改革和完善。国外有许多先进的职业教育培养模式值得学习、借鉴，如德国的“双元制”职业教育模式、澳大利亚的“TAFE”职业教育模式、美国的“社区学院”模式等。当前全球经济一体化和改革开放也需要国际化视野和国际交往能力的技术技能型人才，我们要根据中国经济社会的发展阶段，吸收国外先进的职业教育办学理念和方式方法，引进国外先进的教育标准、优质的课程和教材及教学资源，结合中国国情进行本土化，探索职业教育多种形式的中外合作办学模式，建立政府、行业协会、学校三个层面的中外合作与交流机制，促进教育项目合作与师生交流，服务国家“一带一路”等国家战略，加强与跨国企业、国外境外院校合作，进一步提高我国职业教育的国际化水平。

（四）教育技术信息化

随着互联网等信息技术的快速发展，现代教育技术不断进步，教育技术信息化的条件已经成熟。根据国务院《关于加快发展现代职业教育的决定》要求，要构建利用信息化手段扩大优质教育资源覆盖面的有效机制，推进职业教育资源跨行业、跨区域共建共享，高职院校联合相关部门积极组织、开发一批优质的教育资源库、网络课程、模拟仿真的实训软件和生产实际的教学案例。高职院校要重视专业教师信息化水平提高，积极开展教师信息化教学能力提升培训，不断提高教师的信息化素养。学校在深化教育教学改革中，组织和支持教师与教研人员开展对教育教学信息化项目的研究开发和应用，结合教学实际，鼓励专业教师制作应用慕课、翻转课堂等，推进信息化进程。通过举办信息化教学大赛等途径，使信息技术在教育教学中广泛应用。在信息化技术建设过程中，要积极应对教师角色、教育教学理念、教学内容和方法以及教学评价等方面的变化。教育技术信息化的发展和应用，将大大提高优质教育资源的利用率，进一步提高教育教学的有效性。

（五）培养目标多元化

高职教育在培养面向生产、建设、管理、服务第一线的高素质技术技能型人才为主的同时，根据社会经济发展需求及国家全球化战略的推进、人的全面发展和终身教育的需要，培养目标也会呈现多元化趋势：1.培养层次会逐步提高。目前浙江省已经开始通过校校合作探索举办本科层次的高职教育试点，由几所高职院校与相关本科院校合作进行办学；2.在专科层次的高职教育中，实行系统化教育与培养，拓宽学生成长成才通道，搭建人才成长“立交桥”，提供学生多元化发展选择。如浙江省高职院校应届毕业生的“专升本”招生比例逐年提高，今后三年达到毕业生的20%左右，为高职毕业生提供进一步深造机会；3.鼓励学生创新创业。为了顺应潮流，开展更好的创新创业教育，高职院校为有意创新创业的学生开设相关课程、举办创业竞赛，搭建创新创业平台，强化创新创业意识，部分高职院校建立创业学院，并推行“专业＋创业”学习模式，为培养创新创业人才提供助力。

（六）质量评价社会化

随着高职教育的快速发展，高职教育的质量越来越受到人们的关注。如何评价高职教育质量，涉及到社会方方面面，利益相关方有学生及家长、用人单位、政府教育主管部门及高职院校等。由教育行政部门独家进行考核监督、管理评价的格局已经逐步发生变化，引进社会第三方机构参与的社会化质量评价体系逐步形成。从社会化的视角来看待高职教育的发展情况，来评价高职教育的质量，能够综合各方面的意见和看法，比较客观、公正、有效地评价高职教育的质量。随着高职教育开放办学、合作办学的不断推进，社会各方对高职教育情况也越来越了解，目前由第三方机构上海市教育科学研究所、麦可思研究院编著中国高等职业教育质量年度报告，通过各种实际调查数据及相关案例、官方公布的相关材料数据进行分析梳理，从学生发展、教学改革、政策保障、服务贡献、面临挑战等五方面来阐述高等职业教育的年度质量，具有较强的独立性和公信力。根据教育部招生改革要求，从2017年开始按专业招生，高职院校的专业投档线、报到率、就业率、创新创业率、学生及家长满意度、毕业生起新率、用人单位满意度等成为衡量高职专业教育质量的核心指标，受到各方的关注。

第七节　高等职业教育在国民经济建设中的地位和作用

党的十一届三中全会以来，我国高等职业教育的主力军——职业大学，从诞生以来就以其鲜明的地方性、职业性、应用性、灵活性等特点得到地方政府的支持、经济部门的欢迎与社会各界的认可，因而迅速发展壮大起来。职业大学在建设具有中国特色的高等职业教育事业中，在为地方经济建设、科技进步的服务中，做出了积极的、不可磨灭的贡献。

一、实现了我国高等教育内部类型结构的调整

过去我国高等院校教育模式单一、结构不合理，不能满足社会经济发展的需求。据统计，我国高等院校设置845个专业，竟有358种专业人才奇缺，而另有157种专业的毕业生相对过剩，还有空缺专业214个，不少新兴学科、边缘和交叉学科的专业是空白。特别是缺乏培养适应生产第一线工作的应用型、技能型、管

理型人才的政策和机制。职业大学是高等教育的“轻骑兵”，它紧紧服务于经济建设，专业设置灵活，投资少、见效快，能够大批量地培养满足地方经济建设和社会发展的急需人才。因此，职业大学的发展不仅增加了我国高等教育的类型，打破了过去的单一模式，改变过去内部结构不合理状态，而且也极大地显示了科教兴国的社会效益和经济效益。

二、培养了一大批适应地方经济与社会发展急需的高级应用型人才

据国家教委有关资料表明，职业大学现在已有88所，经过十几年的艰苦奋斗，为地方培养了30余万名高级应用型人才。因为这些学生既有一定的理论知识，又有较强的动手能力，毕业后“下得去、用得上、上岗快、留得住”，所以深受社会的欢迎。

三、推动了中等职业教育的发展

《中共中央关于技术教育改革的决定》指出：“在发展中等职业教育的同时，积极发展高等职业技术院校，优先对口招收中等职业技术学校毕业生以及有本专业实践经验、成绩合格的在职人员入学。”李鹏同志、李岚清同志在1994年全国教育工作会议和1996年全国职业教育工作会议上，也都指出要给予职业学校毕业生继续深造的机会。近几年来，许多职业大学已实行对口招生。实践证明，这些学生虽然文化课比普通高中生学得少一些，但他们受到了动手能力的初步训练，有一定的优势。而且拥有大量的生源，每年可以从几万名中专和职高毕业生中优中选优，能够保证生源质量，而且为形成初、中、高配套的职业教育体系奠定了基础。尤其令人兴奋的是，自实行对口招生后，解决了职高毕业必须就业的缺憾，为优秀的中专、职高生提供了继续深造的机会。这不仅大大激发了学生学习的积极性，而且还吸引了大批初中毕业生争报中专和职高，从而推动了中等职业教育的发展。

第二章

高等职业教育结构改革与运行机制改革研究

第一节　高等职业教育结构的改革

我国高等职业教育所面对的社会人才体系，是多层、多类、多面的。因此，高等职业教育不可能固守一种模式，须从实际职业岗位（群）的需要出发，以多学制、多目标、多层次、多规格的方法拓宽办学路子，形成独特性、多元性的高等职业教育结构。

一、形式结构

（一）从办学类型看，我国高等职业教育现有10种形式

1.职业大学教育形式

由地方政府主办，地方投资、就地招生、就地择业，以培养高级应用型人才为目标。

2.高等专科学校教育形式

可分两类：一类是技术教育，主要是工程技术类专科教育，具有较强的技术教育性质；另一类是职业教育，主要是文科类专科教育，具有较强的高等职业教育性质。

3.技术专科学校教育形式

它是一种由四年制中专和五年制专科套办的新形式。初中毕业生入学两年后分流，30%优秀生升入专科，再用三年时间接受高等职业技术教育，完成大专学业；未能升入专科的学生，继续按中专教学计划学习两年，完成中专学业。

4.职工（业余）大学教育形式

原来是面向本系统招收具有高中文化程度的在职职工，随着生源情况（业

余大学已面向社会）和社会对人才需要的变化，它在专业、课程设置上，已逐步向职业大学教育靠拢。

5.广播电视大学文科高等职业教育形式

广播电视大学教育特点以视听为主，这使它在实践技能训练上有一定难度；但是它在为第三产业培养中、高级经营服务和业务管理人才方面却是可能的，甚至由于教学手段的先进，比其他模式的高等职业教育更有独到之处。

6.高级技工学校、高等职业培训中心教育形式

高级技工学校、高等职业培训中心归属于高等职业教育范畴之内，其培养目标是技师、高级技工（包括所谓等级工制中的7—8级技能型高级工、操纵复杂现代化仪器仪表的智力型高级工）。招收中等职业学校的毕业生，以及基本具有高中文化程度和中级工技术等级的在职职工。

7.职业技术师范学院教育形式

这是高等职业教育中不可缺少的一个组成部分，专门培养职教师资。

8.普通高校高等职业班教育形式

主要指普通高校为发挥多功能优势，实行多渠道、多形式办学而兴办的高等职业班（包括职教师资班）。

9.中、高级职业人才强化研修班形式

这种非学历的中、高级职业人才强化进修和研修班培训，是对上述各种类型高等职业教育的补充和扩展。

10.高等职业技术学校教育形式

招收具有三级技工技能水平的中等职业技术学校毕业生和相当于高中毕业的在职职工，学制三年，毕业后为大专学历，技术等级为五级工。

近几年来，国家教委从宏观的发展战略、整个教育特别是高等教育的结构布局出发，强调高等职业教育，要以内涵发展为主，坚持“三改一补”的方针。即：把发展高等职业教育与高等教育的结构调整相结合，充分利用现有教育资

源，主要通过现有职业大学、部分专科学校、独立设置的成人高校改革办学模式、调整专业方向和培养目标来促进高等职业教育的发展。在仍不能满足需要时，经批准，可利用具备条件的重点中专学校改制等方式作为补充。这几路大军浩浩荡荡，将汇成高等职业教育发展的主流。

（二）从学历教育看，我国目前的高等职业教育可分为学历教育和非学历教育两种

1.学历教育

学历教育分专科和本科两个层次，这两个层次大体可划为三大类。

第一类：与普通高等教育中应用学科相交叉，培养目标是从事某一方面的职业技术工作人员，课程的组织有一定的学科体系性质。这类专业培养目标、专业方向与本科大体一致。如工程性质类专业，本科要求完成工程师的基本训练，专科则要求完成工程师的初步训练，课程实际上是相同专业本科的浓缩。目前某些高等职业教育院校，特别是职业大学的机、电、土、化、管五大专业，大体都是这个格局。师专、医专、高专、财专的情形与工科本科、专科相似。高等职业教育院校这类专业涉及职业面很宽，主体是各类技术人员、管理人员，也包括一部分事务工作者和服务工作者。

第二类：基本上按职业对象或职业岗位设置专业，如培养文秘人员、党政干部、政法干部及较高层次的旅游服务人员和金融、商业、会计人员。这类专业针对性鲜明、职业岗位明确。目前多数按专科层次办学。

第三类：把某些职业技术等级教育纳入专科学历教育层次，如各地举办的高级技工班、高级技师班、车间主任培训班等。在高中文化和一定职业技术基础上，以岗位和技术等级为目标，实施较长时间（两年以上）的培训，结业后发给专科和职业等级考核证书。

2.非学历教育

高等职业教育的非学历教育，是指对具有高中文化的在职或待业青年、成

人进行适应社会发展和个人发展需要的某些职业技术培训。我国高等职业教育的非学历教育大致也可划分为三大类。

第一类：短期职业课程组教育。这是指按一定职业方向，实施一门或几门职业课程的教育。根据生源不同，分职前和职后两种情况。一种是结合职业岗位需要而进行的某种职业课程训练，如对以高中文化为起点的职前待业青年的培训，或对在职人员的定期轮训；另一种是为满足具有高中文化程度的在职职工向某些职业岗位的转向需要而开设的短期职业课程教育。结业后主办单位（企业或学校）发给结业证书，证书不具学历证明性质，也不与岗位考核、职务和技术等级相联系，但可作为单位考核、录用和晋职的参考。

第二类：职业证书、岗位证书教育。这类教育以社会某些行业强制性的职业岗位任职资格证书制为条件（如驾驶执照、教师合格证书等专业证书制），对学员进行某些职业岗位从业必备的知识与技艺的教育。它与短期职业课程组教育不同，必须由行政或行业认可的单位或部门主办，结业成绩合格者由主办单位或部门发给结业证书，证书具有职业从业和岗位任职资格认定的法律效力，是某种职业从业或某种岗位任职的必备条件。另外，根据学生来源不同，职业证书、岗位证书教育，也有职前、职后之分。

第三类：职业技术等级教育。它的培训目标是职业技术的某一等级（如某些工种的中级工和高级工、厨师等级以及理发师、美容师的某些等级等），要求学员具有高中文化基础。完成职业技术等级培训后，由职业技术等级认可的部门组织考核，合格者发给职业技术等级证书。证书不具学历证明性质。这里需补充的是，高等职业技术教育某些专业的学历教育（美容、烹调等专业），在发给学历文凭的同时，经考核也可给予相应的职业技术等级证书。

（三）从学制看，我国高等职业教育由于各类教育形式培养目标的不同，学制也不尽相同

学历教育的本科学制需4—5年，专科需2—3年，非学历教育则学制长短不

定，这里着重介绍职业大学的学制。我国目前的职业大学以三年学制为主体，因为不用三年时间，很难实现根据一定的职业岗位（群）所需要的知识能力结构并兼顾长远需要的培养目标。同时，职业大学为满足各行各业对应用型高级专门人才的渴求，又分为以下几种不同的学制。

五年一贯制。从初中优秀毕业生中录取学生，前两年主要学习高中课程并辅以专业入门知识，结业后实行转换考试；后三年进行大专层次的职业技术教育。

二年制。为及时又尽快地满足地方紧缺人才的需要，部分专业（主要指文科专业）用两年时间学完所有基础课、专业基础课和专业课，并完成职业能力的系统训练。

双专科制。学生在学好本专业的同时，辅学相关专业，两门专业同时进行。学习成绩合格者，发给双学历证书，享受本科待遇。这可视为培养复合型人才的有效途径。

本科制。随着社会的进步与经济建设的需要，部分职业大学有条件的专业，举办了本科职业教育，学制四年，培养制造性、发展性、尖端性高级应用型人才。

业余制。为促进成人教育向高等职业教育转轨，职业大学以相当比例招收成人学员进行学历教育，至于短期培训形式更为普遍。这批学员利用业余时间学习。

二、体制结构

教育体制结构，主要指教育的领导体制结构，也就是办学机构的隶属关系和所有权问题。它直接关系到高等职业教育的生存与发展。

从目前全国的高等院校管理体制来看，有的学校是由国家部委创办并直接领导，所在省（市）协办管理；有的由省、直辖市或自治区创办并直接领导，所在地、市协办管理。而我国目前的高等职业教育管理体制则不同，以职业大学为例，除少数院校是由直辖市创办（如北京职业大学、天津职业大学、上海大学等）；另一部分则由大城市创办（如江汉大学、金陵职业大学、广州大学、成都大学、西安大学等）；而其他高等职业院校绝大多数是由中等城市创办的。

从管理层次来看，无论哪级办的高等院校，至少应由省教育行政部门管理，这是毫无疑义的。但是，由于职业大学与普通高校在管理体制上的差异，造成了以下几点不同。

（一）办学经费的渠道不同

省属高等院校的办学经费，由省财政部门拨发，纳入全省教育经费计划；而地方职业大学的办学经费，主要由所在市财政部门解决，纳入地方财政核算。

（二）招生范围不同

省属高校面向全省或全国招生，地方职业大学主要面向本市和所辖县招生。

（三）毕业分配方式不同

省属高校毕业生纳入国家分配计划，毕业后由省人事部门或省教委按干部指标直接分配；地方职业大学招生纳入国家计划，采取推荐录用方法，学校推荐用人单位择优录取，录用手续由录用单位所在地人事部门自己办理。自1997年始，国家决定对大学生分配制度进行改革，所以，不论普通高校还是职业大学，毕业生统统自谋职业，不包分配。

（四）办学形式不同

省属高校以全日制学历教育为主；而地方职业大学则采取学历教育与非学历教育并重、职前教育与职后教育并举、长短班共存的形式，以适应地方经济建设人才之急需。

（五）专业设置与教学要求不同

普通高校根据学科需要设置专业，强调理论的系统性、完整性和专业的稳定性；地方职业大学针对地方经济建设和行业岗位需要设置专业，强调职业性、灵活性、实践性和地方性。

由于上述种种不同，过去曾一度造成了地方职业大学隶属关系不够明确、管理渠道不畅通，又无现成的政策作保证，影响了职业大学的正常发展与运行。

所以，对地方职业大学实行省市共管是最为科学的管理体制，它将有利于省市两个积极性的发挥，有利于办学中各种问题的及时解决，有利于职业大学更好地为地方经济建设和社会发展服务。

高等职业教育作为大学教育的特殊类型和重要组成，在我国高等教育体系中占据着重要的地位。加快推进高等职业教育治理结构改革，实现高等职业教育治理体系和治理能力现代化，是建立现代大学制度的根本要求。一般而言，高等职业教育治理结构是指，调节高等职业学校这类组织内外部各方利益主体之间关系的一系列制度和机制安排。高等职业教育治理结构包含内部和外部两个层次，高等职业教育内部治理结构主要是协调高职院校内部利益主体行为的管理规范、权力运行机制以及各项制度体系；而外部治理结构主要是指一系列用于协调高职院校与政府、行业企业（市场）等社会主体之间关系的政策规范、法律法规以及行为准则等正式与非正式的制度和运行机制。“建立健全高等职业教育治理结构的核心是通过在高职院校利益相关者之间进行科学的权力配置以达到分权与制衡状态，保障高等职业教育治理活动的有序开展。”《高等职业教育创新发展行动计划》提出“加快完善高等职业院校治理结构，提升治理能力，建立健全依法自主管理、民主监督、社会参与的高等职业院校治理结构”，在一定程度上为高等职业教育治理结构转型指明了方向，高职院校治理结构改革必须以此为原则参照进行推进和落实。高等职业教育治理结构改革不仅是一个实践问题，也是理论研究需要解答和回应的一个现实问题。只有首先明确高等职业教育治理结构的理论基础和价值取向，才能更好地为高等职业教育治理结构改革和制度设计提供依据。为此，本文从理论、价值和制度设计三个层面对高等职业教育治理结构改革进行探讨，进一步为高等职业教育改革指明方向。

三、高等职业教育治理结构改革的理论预设

（一）法人治理理论：高等职业教育治理结构设计要达到分权与制衡

法人治理理论认为，伴随着组织发展规模的日益壮大，其资本来源结构也更加多元，业务更加复杂，为了保持组织运营的精细化管理，出现以分权与制衡为治理结构特征的法人治理。一般而言，分权是指将组织资产所有者的权力进行专业划分，通常按照职能划分为决策权、执行权和监督权，并由相互独立的机构承担相应的职权。分权建立在一定的秩序基础之上，必须有相应的制衡机制来保障权力的合理、合法行使。制衡是指在各个机构之间进行明确的权力划分基础上，明确各个机构的权力作为组织整体权力的重要构成，不可单独割裂开来，必须有相应的约束，要保证权力所属一方既是发挥约束作用的主体，同时也是被约束一方，在权力主体之间达到有效的制衡，以防止权力的失位、越位和非法扩展。“高等职业教育治理结构改革，必须着力于建立健全高职院校的法人治理结构。”所以，应根据高等职业教育的发展特点，在高等职业教育利益相关者之间科学分配决策权、执行权和监督权，在高职院校内外部形成良好的权力制衡机制，在治理结构的设计上达到分权与制衡状态。

（二）多中心治理理论：高等职业教育治理结构改革应向多中心化发展

多中心治理理论最初出现在制度经济学研究领域，自20世纪90年代在公共管理领域内逐渐兴起。作为新公共管理理论的代表之一，多中心治理强调自主治理，其治理的目标在于实现公共利益最大化，尽可能地满足公民的多样化需求。“多中心治理允许在公共事务管理过程中存在多个权力中心，并通过对权力的有效分配，在制衡机制的作用下实现各权力主体之间的有效配合，在一定程度上扩展了治理的公共性和公益性，减少‘搭便车’的现象，为社会大众提供更好的服务。”“加多中心治理的方式是‘合作-竞争-合作’”。在多中心治理理论的指导下，高等职业教育治理结构改革必须从分权治理着手，保障治理主体之间的合作与竞争关系，以实现高等职业教育自治与共治相统一。同时，政府在向其他主体分权过程中要把握循序渐进的原则，明确分权并非完全让权或让责，在明确多元治理主体的职责权限的基础上，政府仍然需要主动承担起在高等职业教育发展中的中心责任。“多中心治理并非无中心治理，政府仍然是教育治理的权力中心。”高等职业教育的多中心治理包括空间向度多中心、管理主体向度多中心以及权力向度多中心等不同维度。高等职业教育空间向度多中心主要是指在高职院校办学权的分配上，政府不再是高等职业教育的单一办学主体，应根据我国社会主义市场经济发展的现实需要，适度将办学权力让位于市场，鼓励市场和社会主体参与到高等职业教育办学中来，充分激发市场活力。管理主体向度多中心主张打破政府在高等职业教育治理中过度集权管理的主体地位，形成政府、市场和社会第三方组织或个人等多方力量共同参与高等职业教育治理的管理格局。权力向度多中心强调高等职业教育管理权的分配，要根据多中心治理理论的要求，政府在做好统筹全局的基础上，适时、适度向各方治理主体下放管理权力，改变传统的自上而下的单一管理模式，形成上下互动、多元交流的权力运行模式和格局。

（三）委托代理理论：高等职业教育治理结构改革要注重激励和约束体制建设

委托代理是指一方（委托者）委托另一方（代理者）根据委托者的利益需求从事某些经济和社会活动，并且委托者根据自身利益目标要求授予代理者某些决策权，以方便委托目标的达成。委托代理理论认为，代理者与委托者之间在一定程度上存在信息不对称的问题，并且二者之间的目标函数也不可能完全保持一致，代理者在行使委托人所授予的职权过程中，可能会过度追求自身利益而忽略乃至损害委托者的整体利益和目标。为了减少代理者代理行为的不确定性，避免代理者的行为偏离委托者的利益要求，在委托代理活动中需要建立一套完善的激励和约束机制，来保障代理者的行为活动与委托者的个人意志和目标相一致。客观而言，高等职业教育内外部存在多层委托代理关系。从外部来看，主要存在两种代理委托关系：一是国家作为各类公立高等职业教育的主要举办者，委托高职院校管理者对学校进行管理，政府与高职院校管理者之间形成显性委托和代理关系；二是政府作为公民的代理人，代表公民将办学权力授权于高职院校管理者，社会公众与高职院校管理者存在隐形的委托代理关系。从高职院校内部来看，也存在多重委托代理关系：一是学校党委与校长之间的委托代理关系。我国高等教育普遍实行党委领导下的校长负责制，党委负责高职院校的重大决策，而校长重在组织执行，从这方面来看，学校党委扮演着委托者角色，而校长则是代理者角色；二是校长与院、系、处等二级单位之间的委托代理关系。校长扮演委托者角色，二级单位是代理者角色，校长将自身负责的工作进行细分交由二级院系单位开展；三是学校管理者与教师的委托代理关系。教师作为人才培养的主导者，也是高等职业教育的代理者。高等职业院校内外部存在的多重委托代理关系表明，在高等职业教育治理结构改革中，必须着力构建相应的激励与约束机制，对多重代理者和委托者的正向行为进行激励，对于负向行为进行有力的约束甚至是惩罚，保障高等职业教育治理现代化目标的实现。

四、高等职业教育治理结构改革的价值取向分析

（一）依法保障并落实高职院校的办学自主权

尽管当前《中华人民共和国高等教育法》第三十条至第三十八条对高等院校（包含高职院校和本科院校）的民事权利、自主招生、自主调整设置专业学科、自主教学权、科研开发和社会服务权、财产管理和使用权、机构设置和人事权等力、学自主权进行了明确规定，但在实际操作过程中，高职院校的办学自主权并未真正得以落实。一方面，从外部来看，行政力量干预高职院校办学自主权的现象时有发生，高职院校与政府之间存在较为严重的依附关系。具体表现在政府对高职院校的干预过多，高职院校的办学权仍然以政府的计划模式为主，高职院校也主要以政府的行政指令开展管理活动。政府过度的行政干预挤压了高职院校自治权的空间，这是当前我国高职院校办学自主权未能有效落实的一个真实写照。另一方面，从内部来看，高职院校内部治理结构较为封闭，直接弱化了其自主办学能力和治理水平。有鉴于此，高等职业教育治理结构改革必须重塑并落实好高职院校的办学自主权，并以此为价值导向，打破高职院校内部较为封闭的管理模式和架构，在明确高职院校办学自主权的基础上，通过不断改革与创新来建

立开放式的治理体系，加快高等职业教育治理结构现代化。

（二）积极吸纳利益相关者参与高等职业教育治理

利益相关者理论认为，任何组织的成长与发展都离不开内外部利益相关主体的支持和参与。具体来看，利益相关者是指共同创造组织价值和影响组织目标实现的个人或集体。从组织角度来看，高等职业院校实质上也是一个利益相关者组织，其利益相关者不仅包含影响高职院校办学管理活动的外部组织机构和个人，如政府机构、社会组织团体、用人单位、合作企业、学生家长等，也包含高职院校的管理者、办学者、教师和学生等内部利益相关主体。“利益相关者共同治理不是大学的主观选择结果，而是现代大学自身发展的内在要求。”作为一种利益相关者组织的实际存在，高职院校治理结构改革自然离不开各方利益相关者的支持，只有积极吸纳利益相关者的参与，才能构建起高职院校多中心共治结构。“任何高校治理结构都只是一种外在的物质形式，其精神实质在于对利益相关者整体诉求的最大满足和权力有效保障。”“由于高职院校利益相关者之间的权利主张和主体视角存在一定的差异，利益主体之间难免会由此产生冲突和矛盾，这就要求在高等职业教育治理结构改革中科学合理地处理好利益相关者之间的关系，最大限度地满足不同相关者的利益诉求。与此同时，还要加快利益相关者参与治理的机制建设，根据利益相关者的性质和主体诉求，科学分配治理权力，最大限度地实现不同利益主体之间的权力平衡，充分发挥利益相关者在高等职业教育治理中的作用，实现利益相关者共同参与治理的目标。

（三）学术权力回归是高等职业教育治理结构改革的重要着力点

英国著名教育学家埃里克·阿什比在《科技发达时代的大学教育》中指出：“在当今知识不断流变的时代，我们时刻不要忘记，大学的命运掌握在高校掌权者手中，大学能否实现健康发展的关键在于学校由哪些人主持。美国著名教育学家、社会学家伯顿·克拉克指出：“权力来源于知识，知识赋予权力以合法性和有效性，拥有专业知识者就有必要赋予其某种专业权力。”高等职业教育作为大学教育不可分割的一部分，其主要以培养高端技能型人才为己任、以技术应用与创新为职责，主要围绕技术技能知识的传播、创造与应用来展开日常活动。就此而言，以专家、教授为代表的利益主体理应掌握高职院校的学术治理权。“建立现代大学制度就要强调学术权力在高等职业院校内部治理结构中的主体地位。在高等职业教育治理结构改革过程中，应尊重知识、敬畏知识、崇尚学术，坚持学术自治与学术自由，将学术权力回归作为高等职业教育治理结构改革的关键点之一，不断强化行业技术专家、教授等主体的话语权，改变高校学术权力对于政治权力和行政权力的依附现象。反之，高职院校的政治权力和行政权力要切实为学校的教学、科研和学术服务，充分保障专家、教授在学术事务中的主体 权威。

五、高等职业教育治理结构改革的实践路向

（一）通过制度化的确权、集权与放权，确保高等职业教育权力体系的有序运转

高等职业教育治理结构改革应从制度化的确权、集权和放权着手，对教育行政权的边界进行严格、清晰的划分，逐步理顺高等职业教育不同权力主体之间的关系，进一步释放出高等职业教育治理结构改革的活力。首先，要从“确权”入手，逐步理清和确立各级教育行政机关的教育管理权限和职责，对教育行政机构的教育管理权和高职院校的办学自主权的边界进行科学划分，建立各方的“权力清单”，并予以制度化保障，切实改变过去在高等职业教育管理中的权责不清、推诿扯皮、多头管理等方面的问题。其次，要适当“集权”，将分属不同管理部门的高等教育管理权相对集中起来。当前来看，高等职业院校的人事权、财权、事权等不同权力分属于不同的教育行政部门或政府机构，这也是导致政出多门、多头管理的重要原因，使得高等职业教育在改革发展中无法获得统一有效的人力、物力、财力的配合和支持。同时，权力的分化也使得高等职业院校不得不通过强化行政权力来执行不同部门的指令，满足不同管理机构的要求。对此，高等职业教育治理结构改革要将人事权、财权、事权等权力适当集中于教育主管机

关，这样一来不仅能够促进政府对教育资源的统一调配和管理，还能够对高职院校行政权力进行有效规范。最后，为了激活高职院校的办学活力，要适当对其进行“放权”。教育主管部门和政府机构要将部分权力向高职院校下放，充分保障和落实高职院校的自主办学权。同时，为了响应党的十八届三中全会所提出的“发挥市场在资源配置中的决定性作用”的总体要求，高等职业教育治理结构改革必须面向市场，并将部分权力让位于市场，充分发挥市场的调节作用，形成对高职院校行政权力进行监督和问责的市场第三方力量。

（二）建立健全相关法律法规，为高职院校的办学自主权提供法理保障

目前，《中华人民共和国教育法》《中华人民共和国高等教育法》和《中华人民共和国职业教育法》对学校办学自主权都做了相关规定，但总体来看，对办学自主权的规定条款较为宏观、粗略，不够深入具体。为了进一步提升高职院校的办学活力，立法机关应加快推进关于高等教育办学自主权的法律法规建设，为高职院校的办学自主权提供有效的法理依据。首先，要深入贯彻落实现有法律法规对高校办学自主权的规定，政府和各级教育行政管理机构要做到依法治教，充分保障高职院校的办学自主权。其次，要根据高职院校办学自主权的现实需要和特点，加快完善相关立法条款，适时对《中华人民共和国教育法》《中华人民共和国高等教育法》《中华人民共和国职业教育法》等法律进行修订，不断细化与高校办学自主权相关的法律条款，以促进法律法规的具体可操作。再次，加快推进高职院校的章程建设，为高等职业教育治理结构奠定坚实的基础。大学章程作为高职院校的“宪法”，对高职院校的办学理念和定位、基本制度、治理权力结构、权力运行机制等方面做了具体的规定。建立完善的高职院校章程，不仅能够对高等职业教育权力主体的行为进行有效规范，还能够保障高职院校在自主办学过程中有章可依，实现高等职业教育的高效治理。最后，依法推进高职院校的法人治理制度和法人财产权制度，有效实现高等职业教育经营管理权与法人财产权相分离，多方位、多渠道探索高职院校办学自主权有效实施的路径。

（三）推进高等职业教育组织变革，从传统封闭式的行政控制走向现代开放化的合作共治

与西方国家高校办学所具有的较强独立性和自主性相比，我国高职院校办学自主权始终无法完全贯彻落实，一直在摆脱政府和依赖政府的矛盾中徘徊前进。高职院校内部实施的也是一种科层制的治理结构，行政权力泛化问题严重，日常管理活动主要遵循行政化的治理逻辑，很大程度上弱化了学术权力在高职院校治理中的地位和作用。为此，高等职业教育治理结构改革必须从现实出发，以去行政化为导向、以落实高职院校的办学自主权为改革目标，重塑学术权力在高职院校治理中的地位。同时，高等职业教育具有公共性、教育性、职业性、技能性等方面的特点，与市场的连接紧密度较高，由此也就决定了高等职业教育治理结构改革要走出一条与其他类型高校不同的道路。

在教育治理现代化的背景下，高职院校作为一个多元主体共存的利益相关者组织，在其治理结构改革中必须秉持开放性原则，主动面向市场，引入市场运作机制，吸引行业、企业、学生家长等不同利益相关者的参与，构建由多元利益相关主体组成的共同治理模式，实现由单一传统的政府行政统治向多元开放的合作共治转型升级。同时，还要根据时代发展要求，在坚持教育公益性原则的基础上大力推进高等职业教育组织变革，建立由政府主导、社会参与、治理主体多元、权力分配合理的治理结构体系，促进多元主体的协同治理，实现治理效率最大化，进一步推进高等职业教育由“共治”向“善治”转变。在此，需要注意的是高等职业教育利益相关者的合作共治并不是为了脱离政府的管理，相反，在高等职业教育治理结构改革过程中要发挥出政府的主导性作用。政府应将工作重点放在高等职业教育治理相关的制度设计层面，要将高职院校作为独立的法人机构来对待，而不能一味地将其视为自身的附属机构进行管理，要由过去的“行政控制”转向“依法治教”，由“控制”转向“监督”，由“命令”转向“协商”，实现真正意义上的“有限政府”。

（四）完善高职院校章程，理顺高职院校内部权力结构

建立清晰、合理的高职院校内部治理结构是现代高职院校制度建设的基础保障。“现代高职院校制度必须通过高职院校章程明确其内部治理权力结构之间的关系”。高职院校章程是现代高职院校制度的集中表现形式和主要载体。作为高职院校内部治理的“宪法”，高职院校章程是具有法律效力的高职院校治理总纲。具体而言，高职院校章程是指高职院校权力机构根据国家和地方的法律法规、教育政策和制度所制定的关于高职院校组织的办学精神、基本性质、基本权利、内部权力主体构成以及权力运行机制等方面的制度化总规。高等职业教育治理结构改革的重要任务之一就是理顺高职院校内部权力结构，而高职院校章程是学校依法治校、规范学校内部权力主体关系、实现民主管理的基本准则，因此理顺高职院校内部治理结构最终还是要落实到高职院校章程中来。“建立健全适合高等职业教育发展特点的现代院校章程是完善高职院校内部治理的逻辑起点和必然选择。”高职院校治理结构改革必须依据其独特的办学特点，制定完善的高职院校章程来理清内部权力结构，为实现高职院校的有序、高效治理提供制度支撑。

总体来看，高职院校的章程建设包含两个方面的内容：一方面，通过建立高职院校章程，进一步贯彻和强化“党委领导、院长治校、教授（专家）治学、社会参与、民主管理”的高等职业教育治理机制，对高职院校行政权力和学术权力的边界进行科学划分，明确高职院校相关组织机构的职能、职责，实现学校内部权力主体的责、权、利相统一。另一方面，理清高职院校与政府、社会之间的关系和各自的权力边界，在对高职院校自身发展状况和治理结构进行综合评估的基础上，打破高职院校内部封闭的治理结构，确立市场主体参与高职院校内部治理的可能范围和方式等，保障不同

（五）形成崇尚学术的治理价值观，推进学术权力制度化

树立正确的价值取向是高等职业教育治理结构改革的前提。“学术事务作

为高职院校的核心事务，在高职院校治理结构改革过程中应以学术为导向，形成崇尚学术的治理价值观，充分发挥学术权力在高职院校治理中的影响力。”行政权力和学术权力作为高职院校的两大重要权力构成，处理好二者之间的关系对提升高职院校治理水平意义重大。然而现实中，学术权力和行政权力之间的关系还存在较大的不协调，突出表现在行政权力过大，直接削弱了学术权力的地位和影响力，并且行政权力对学术权力的渗透现象较为严重。对此，必须对这两种权力之间的关系进行调整。一方面，要将行政权力与学术权力进行适当分离，行政权力不仅要让位于学术权力，更主要的是要为学术事务服务；另一方面，要将行政权力的中心适度下移，在行政权力和学术权力之间达到一种互补的状态。需要注意的是，发挥学术权力在高职院校治理中的作用，并不是对行政权力作用的全盘否定，而是要反对行政权力对学校内部学术事务的过度干预，通过对行政权力的有效规范，以防止其在高职院校治理中的过度泛化，进而实现行政权力和学术权力的合理、合法运行。

在高职院校内部治理中，重塑并强化学术权力在高职院校内部的话语权的实质就是强调教师群体在学术事务管理中的地位和作用。与其他类型的高校有所不同，高职院校学术权力构成主体具有一定的特殊性。高等职业教育是关于特定职业或专业所做的系统知识和技能的传授，就此而言，高职院校的学术权力构成主体应是教授、行业企业专家以及双师型教师等。强调学术权力在高职院校内部治理中的地位要以推进学术权力制度化为根本。因此，高职院校学术权力的保障和维护要把握其自身特征，通过整合高等职业教育相关的各级各类学术组织资源，建立健全高职院校的学术委员会制度。根据学术委员会制度的要求，加快推进学校教授委员会、教务委员会、学术委员会、行业专家委员会等各类委员会的建设步伐，并在高职院校章程中对各类学术委员会的主体构成及其权责进行明确规定，充分尊重学术权力在高职院校治理中的主体地位，共同创造一个和谐、高效的高职院校内部治理环境。

第二节　高等职业教育运行机制的改革

建立与社会自动适应的运行机制，是高等职业教育结构和体制改革的目标。这里，从社会运行和学校运行两个方面，围绕如何实现这个目标进行研究。

一、高等职业教育的社会运行机制

教育的运行是由社会教育利益的追求所推动的。实践证明，教育利益是教育运行的推动力和约束力。所以，研究高等职业教育的运行必须研究高等职业教育的利益，必须分析社会上哪些人、哪些单位和部门与高等职业教育有联系，又是什么因素妨碍着他们教育利益的实现，还要研究采取什么措施来充分调动这些人、这些单位和部门关心、支持与投入教育的积极性。

高等职业教育在社会上的直接利益主体是高中文化层成员及家庭、企事业单位和政府部门（地方政府、中央政府）。通过高等职业教育，可使高中层文化成员及家庭改善社会地位和待遇，可使企事业单位提高经济效益，可使地区或国家的发展目标得以实现。然而，种种经济的、政治的、制度的和文化传统的制约，都使这些单位及个人对高等职业教育的积极性受到限制。

高等职业教育的运行过程在经济方面的限制，表现为经济自身的可承载性；在政治制度方面的限制，表现为政策、法律规章制度对高等职业教育的不合理性；在文化传统方面的限制，表现为传统社会价值观念对发展高等职业教育的制约。三者彼此联系，经济利益是主导。由以上分析得出：只有突破对教育利益主体的限制，在这些方面进行合理的改变，才能充分解放教育利益主体的积极性，才能使高等职业教育良性运行。要实现这一目的，需要三个基本条件：一是有良性的社会发展环境和就业机会；二是从政策和制度上对教育投入者有一种激励与保障；三是要促使社会价值观念向有利于高等职业教育发展的方面转变。

目前我国处于社会主义初级阶段，生产还不发达，就业机会有限，劳动人事制度的改革还需要一个较长的过程，职业市场也尚在萌芽状态。在这种情况下，要使高等职业教育良性运行，不可能一蹴而就，只能采取与我国经济体制改革，特别是与劳动人事制度改革同步的措施，调动和利用一切积极因素，来实现高等职业教育向完全开放的职业市场的运行机制过渡。

在这种“过渡”中，有许多困难和问题，这是客观事实。但是，今天的形势正越来越向有利的方面转化。近年来，党和国家领导人发表了一系列讲话，为高等职业教育指明发展方向。国家教委下达的[2016]12号、15号文件，全国人大第十九次会议通过的《职业教育法》都明确指示，要大力发展高等职业教育。高等职业教育正在乘东风、破巨浪，集中人力、物力进行“突破”，实现“过渡”。为此，应做到以下三点。

第一，进一步以改革教育内容和方式为主，完善高等职业教育办学的规模、条件和环境，极大提高办学效益。

第二，随着国家政治和经济体制改革的深入、企业主体地位的强化、教育改革环境的显著改善，高等职业教育必须在深化教育改革的同时，既推行各种高等职业教育与社会各种形式的联合，又要尽力早日建成相对完善的职业教育体系。同时配合企业岗位聘任制度的实施，不断扩大各级、各层、各类技术岗位培训，将培训后的职业能力鉴定与就业挂钩，显示高等职业教育直接为市场经济建设服务的优势。

第三，高等职业教育随着劳务市场的完善、企业自主法人地位的确立和就业双向选择的普遍推行，除争取列入当地教育事业发展规划外，还要努力实现有偿培训，经费由受益者提供，以企业资助为主、个人支付为辅、地方适当补贴。

第四，加大宣传高等职业教育的力度，改变社会上传统的鄙薄职业教育的观念，让人民群众了解、关心、爱护、支持高等职业教育的振兴与发展。

这一切，都会为高等职业教育的良性社会运行机制带来勃勃生机。

二、高等职业教育的学校运行机制

要强化高等职业教育的学校运行机制，就必须聚集一定数量的教师、学生、管理人员及经费、仪器设备、图书资料、校舍等办学要素，并使学校与所在区域的经济、社会发展相适应，取得较大的教育投资效益。实践证明，一所高等职业教育院校的运行机制能否呈良性状态，主要在于办学要素能否按照教育规律科学地组合与排序。

第一，办学方向端正。高等职业教育完全不同于普通高校，它直接面向地方经济建设，面向中小企业和乡镇企业，担负着为地方经济建设和社会发展培养高级（部分中级）应用型人才的任务。所以，它的专业要根据当地职业技术结构的特色、性质及职业急缺人才的需要而设置，并能保证培养人才的层次、规格和智能都达标。只有这样，高等职业教育才能扎根于地方经济建设的土壤，才能得到地方政府、企事业单位和广大人民群众的支持和爱护，才能健康地发展运行起来。

第二，领导班子过硬。毛泽东同志曾说过："正确的路线确定之后，干部就是决定因素。"当"通过改革现有高等专科学校、职业大学和成人高校以及举办灵活多样的高等职业教育培训班等途径，积极发展高等职业教育"的正确路线确定之后，配备有较高政治素质和管理能力的领导班子就成为高等职业教育运行机制的关键。

高等职业教育院校的领导班子应具备以下三点。

（1）领导班子成员应对高等职业教育有明确的认识、坚定的方向，团结协作，具有开拓进取的改革精神。

（2）领导班子应由高等职业教育专家组成，懂管理、懂业务、懂知识分子的工作特点，能摸准职业教育规律，勤奋务实。

（，3）领导班子成员政治素质要高，既有高度的理论和政策水平，又有强烈的事业心和责任感，有高超的领导艺术、作风正派。

第三，有一支专兼结合、结构合理、素质较高的师资队伍。要敢于扶持有知名度、美誉度的专家学者；要求专业课教师和实习指导教师符合“双师型”的教师标准，既有讲师的讲授能力，又有工程师的动手能力；要求教师有献身教育事业的精神。

第四，能结合高等职业教育的特点进行教育教学领域的改革。在专业改革和建设方面，起码要有2—3个骨干专业，4—5个重点学科取得明显成果，并得到社会公认。

第五，有健全的行之有效的教育教学管理制度，教风、管风、学风优良，形成一个良好的育人环境。

第六，学校能与社会（特别是相关企业）密切联系，坚持走产教结合的办学道路。能在应用技术、科学研究及成果的推广上大显身手；能在大力发展校办产业上有成功的经验；能在多层次、多形式办学上卓有成效；能在多渠道筹措办学经费等方面成绩明显。

第七，有一定的办学规模，即：全日制在校生在1500人以上；占地面积在200亩（1亩=666.6平方米）以上；建筑面积在6万平方米以上；图书总数在15万册以上；实验（含校内实习基地）设备总值在600万元以上；专职教师中，有高级职称的应占20%以上；校内有较完备的专业教学实习基地。也只有这样，才能保证培养目标的实现。

第八，学校能取得较高的教育投资效益。这方面，最重要的投资效益是看学校能为地方经济建设和社会发展培养出多少优秀的高级应用型人才。培养的越多，教育投资效益越大。而学校自身也就越能在社会上发挥重要作用，越能提高学校的知名度和美誉度，越能吸引社会各界的关注和支持，越能保证自身的良性运行。

第三章

高等职业教育培养目标与教学组织模式研究

第一节　高等职业教育的培养目标

培养目标是教育的核心问题，它是指学校培养人才所要达到的一定质量和规格要求。不同国家、不同时代、不同层次、不同类型的学校，其培养目标也不同。我们这里讨论的是社会主义现代化时期我国高等职业教育的培养目标。

一、高等职业教育的培养目标

我国高等职业教育的培养目标是：面向基层、面向生产和服务第一线，特别应面向农村和边远地区，培养各种高级应用型人才。

我国是社会主义国家，现有教育方针是使受教育者在德育、智育、体育几方面都得到发展，使之成为有社会主义觉悟的、有文化的劳动者。教育要为社会主义建设服务，要面向世界、面向未来、面向现代化。作为我国教育重要组成部分的高等职业教育，在确定其培养目标时，也应该贯彻党和国家的教育方针。依据我国教育的总体培养目标，依据教育为社会主义建设服务的指导思想，高等职业教育理所当然为社会主义事业培养有理想、有道德、有文化、有纪律的“四有”新人，使之在德、智、体几方面都得到发展，成为社会主义事业的合格建设者和可靠接班人。

高等职业教育培养人才，是以社会职业岗位的实际需要、以能力为中心的，这使它具有了鲜明的特点：高等职业教育培养的人才是属于职业型、岗位型，而不是科学型的；是技能型，而不是理论型的；是应用型，而不是学术型的。实际上主要是培养两类人员：一类是专业技术人员，主要是工艺技术人员；另一类是经营与管理人员。除此之外，还包括部分高级工与智能型操作者。具体地说，高等职业教育培养的是能把科研与开发设计成果转化到生产工艺或实际生产中、能把领导和决策者意图具体贯彻到实际业务中，具有专门业务知识技能的生产、服务、管理第一线急需的各类高层次应用型人才。

（一）高等职业教育的培养目标及其特点

培养目标是人才培养的总原则和总方向，是开展教育教学的基本依据。人才规格是培养目标的具体化，是组织教学的客观依据。因此，高职培养目标和人才规格是反映高职教育本质特征的两个重要方面，是区别于其他教育类型的本质所在。

有关专家将人才分为学术型人才、工程型人才、技术型人才和技能型人才等四类。其中学术型人才主要从事研究和发现客观规律的工作；工程型人才主要从事与为社会谋取直接利益有关的规划、决策、设计等工作；技术型人才和技能型人才是在生产一线从事为社会谋取直接利益的工作，使工程型人才的规划、决策、设计等变换成物质形态。技术型人才与技能型人才的区别在于前者主要应用智力技能来进行工作，而后者主要依赖操作技能来完成任务。

实践证明劳动者的素质和创新能力不高已经成为制约我国经济发展和增强竞争能力的瓶颈。我们既要一大批从事科学研究、工程设计的人才，也需要培养一大批在生产一线从事制造、施工等技术应用工作的专门人才。否则，即使有一流的产品设计、最好的研究成果，也很难制造出一流的产品。高等职业教育正是为满足这种需要及时发展起来的。因此其目标是培养与我国社会主义现代化建设要求相适应的、掌握本专业必备的基础理论和专门知识、具有从事本专业实际工作的全面素质和综合职业能力、在生产、建设、管理、服务第一线工作的高级技术应用型人才。

1.知识、能力的职业性。高职教育是一种职业教育，它对学生进行某种职业生产和管理教育，以提高职业技术水平为目的。它以职业岗位群的需要为依据开发教学计划，在对职业岗位群进行职业能力分析的基础上确定培养目标和人才规格，明确列出高职毕业生应具备的职业道德、职业知识和职业能力，进而组织教学。

其中，职业知识和职业能力的提高要着眼于产业结构和产品结构的调整。面向21世纪科技发展不断更新教学内容，调整课程结构；注重知识的横向拓展与结合，体现知识的先进性和应用性，培养学生掌握新设备、新技术的能力。因此毕业生具有上手快、适应性强等特点。高职教育人才知识、能力的职业性体现了它隶属职业教育的本质属性。

2.人才类型的技能性。高职教育的培养目标是面向生产和服务第一线的技能应用型人才，高职毕业生不但具有某一专业的基础理论与基本知识，更重要的是他们具有某一岗位群所需要的生产操作和组织能力，善于将技能意图或工程图纸转化为物质实体，并能在生产现场进行技能指导和组织管理，解决生产中的实际问题。他们还应善于处理，交流和使用信息，指导设备、工艺和产品的改进，是一种专业理论够用、生产技能操作熟练和组织能力强的复合型人才。

3.毕业生去向的基层性。由于高职教育培养的学生是为生产第一线服务的，因此高职人才毕业去向具有很强的基层性。例如，工科类高职的毕业生主要去企业生产第一线从事施工、制造、运行、检测与维护等工作；艺术类高职的毕业生主要到文化部门从事艺术工作；经济类高职的毕业生主要去财经部门或企业部门从事财经管理工作等。高职毕业生去向的基层性是高职教育的生命力之所在。

4.培养手段的多样性。高职教育培养目标的复杂性决定了其培养手段的多样性。在教学形式上，不仅有一定的理论教学使学生掌握基本理论与基本知识，而且有大量的实验、实习、设计、实训等实践教学培养学生的综合职业能力。在实施教育的参与对象上既有学校的专职教师又有校外兼职教师和实习单位的指导师傅。在教学过程中实施双向化，教师是学习的指导者、促进者、组织者和管理者为学生学习提供资料、咨询等方面的支持，学生不再是被动接受者，而是主动探求者，教和学成为双向式教学过程。在教学手段上实现现代化，计算机和多媒体技术的广泛应用将迅速、高效地为高职教育教学提供各种所需信息，极大地提高教学效率和教学质量。

（二）高等职业教育人才规格的构成要素

1.思想政治素质要素。政治思想素质要素体现了培养目标的政治标准和思想素质，要求高职学生热爱社会主义祖国和社会主义事业、拥护党的基本路线具有马列主义、毛泽东思想和邓小平理论的基础知识；有强烈的社会责任感、明确的职业理想和良好的职业道德，勇于自谋职业和自主创业；具有面向基层、服务基层、扎根于群众的思想观点；理论联系实际，实事求是、言行一致的思想作风；踏实肯干、任劳任怨的工作态度；不断追求知识、独立思考、勇于创新的科学精神。

2.知识素质要素。知识素质要素包括文化基础知识、现代科技知识、专业基础知识和专业知识。文化基础知识和现代科技知识是高职人才必备的基本知识；专业基础知识是学习本专业所必须具备的基本知识，是专业学习的基础；专业知识是从事本专业工作所应具备的专业理论知识。对于高职人才来说，拥有必备的文化基础知识和专业基础理论不仅是胜任当前技术密集型岗位的要求，也是知识再生和迁移、进一步学习与提高以适应将来岗位变革的始发点。随着科学技术的进步和发展，不同领域的科技知识交叉、渗透和组合使社会上出现了许多跨学科职业岗位，这就要求高职人才还必须具备与专业相关的多学科基本理论知识，才能丰富“接口”能力。

3.能力素质要素。能力素质要素是人才规格的核心，是学校为社会培养有用人才的具体体现。能力要素包括本专业技术能力、职业能力、社会能力和创新能力、实践能力等。高职人才不仅要熟练掌握本专业技术能力，在任职岗位上表现出较强的工作能力，而且要具备一定的社会能力。在急剧变革的21世纪，工作环境、人际环境、思想环境的动态变迁和国际化、开放化的社会环境的形成，对高职人才的适应能力、合作能力、公关能力和交往能力等提出了新的要求。

4.身心素质要素。身心素质要素包括健康的体魄和良好的心理，它体现了培养目标的物质基础和心理素质，是从事一切工作的前提。只有具有良好的身体体能才能胜任本专业岗位的工作；只有较好的心理素质才能在工作中讲求协作，对在竞争中遭遇挫折具有足够的心理承受能力；才能在艰苦的工作中不怕困难奋力进取，不断激发创造热情。

5.劳动素质要素。劳动素质是人才规格的基本素质，它包括劳动观念、劳动知识和劳动实践。现在的高职学生大多数是独生子女，父母希望他们早日成才，宁愿自己多吃苦也不让孩子受委屈，因而高职学生劳动素质较差。如果不对他们加强劳动素质教育，即使他们在学校学习掌握了一定的专业知识和专业技能也不可能成为受社会欢迎的高素质的劳动者。因此对高职学生加强劳动素质教育具有极为重要的意义。

二、培养目标的具体划分

（一）从人才的素质构成来划分

高等职业教育不能因其职业性、岗位性而忽视德育、智育、体育教育。如果片面强调某一方面的教育，培养出来的将是畸形人才。人们根据实践经验，曾经总结出以下看法：德育抓得不好，培养的人是危险品；智育抓得不好，培养出的人是次品；体育抓得不好，培养的人是废品。高等职业教育也是一样，必须德、智、体全面培养，才能培养出能够胜任社会主义建设这一复杂而艰巨任务的合格人才。

1.德育方面

通过马列主义、毛泽东思想及邓小平理论的学习，使学生逐步树立辩证唯物主义和历史唯物主义世界观，具有爱国主义、集体主义精神，有鲜明的公民意识、健康的心理素质、良好的道德品质和坚定正确的政治方向。培养学生拥护中国共产党、拥护社会主义，愿意为社会主义服务、为人民服务。

以上这些也是高等职业教育与普通高校的培养目标相一致之处。所不同的是，高等职业教育的德育还包括职业道德要求。高等职业教育培养目标的职业道德教育，首先教育学生，无论从事什么职业，都应严格要求自己，做到热爱本职工作，恪尽职守、为人民服务、对社会负责等。另外还应遵循所从事的具体职业的行为规范，如教师要有师德，教书育人，诲人不倦；医生要有医德，救死扶伤，坚持人道主义等。

2.智育方面

高等职业教育培养目标在智育方面的要求，既包含着高等文化层次，又包含着“职业技术”规格的属性，这两者必须服从于培养目标的整体素质构成和特定的知识结构要求。这里应特别强调，在该培养目标的知识结构、能力结构的设计中，切记不要强调基础理论知识的系统性和完整性，而要着眼于专业理论知识的针对性、应用性，强化职业能力、职业技能、技艺的培养。这一切必须根据职业岗位的需要来确定。

3.体育方面

高等职业教育的培养目标在体育方面的要求，除强调发展人体一般素质和进行一般体育技巧训练外，还需强调职业需要，根据职业需要进行特定的体育训练和考核。

（二）从高等职业教育内部的构成来划分

结合我国职业教育的现状，主要有以下三个层次。

（1）学制为两年或三年的职业专科教育。这类教育培养的是技术复杂程度较高、职业岗位业务面较广的高级应用型人才。要求所培养的人才不仅有一定的理论基础知识，而且有现代化科学管理能力和熟练的技术技能。

（2）培养期为一年或不足两年的职业证书教育。目标是培养技术复杂程度较低、职业岗位业务面比较窄的人才。对这一层的培养目标，职业针对性更强，主要是培养学生能承担具体职业岗位的工作能力，以及所必须具备的职业道德。

（3）培训期不到一年的岗位培训。目标是培养技术比较简单或业务比较单纯的人才，或是职前的培训，或是对已在职的熟练技术工人进行新技术、新工艺、新设备方面的培训。这种短期培训形式多样化，不仅有技术培训，还有职业道德培训、思想政治工作培训等。

（三）从职业岗位所需人才的能力来划分

我们从众多社会职业岗位所需的人才来划分，可归纳为三种类型：一种是专业技术人员，主要是工艺技术人员；第二种是业务经营和管理人员；第三种是中高级技工和技师。对他们实行高等职业教育时，从能力角度应制定不同的培养标准。

对于专业技术人员，培养标准要侧重对技术的要求，特别是工艺技术；而对于业务经营和管理人员，则侧重业务知识和业务实施能力的水平；对于高级技工和技师，要特别注意他们使用工具及机械，制作产品、调整维修设备的技能，测定他们能熟练地制造出精密度高、外观美、质量好的产品。

三、高等职业教育能力培养目标模式构建

（一）构建高职能力培养目标模式的基本要求

1.适应知识经济社会的要求。21世纪是以高新技术为核心的、知识经济占主导地位的时代，与以往的经济形态相比，知识经济直接依赖于知识或有效信息的积累和利用。因此，高等职业教育的能力培养目标应着眼于知识经济社会对新一代人的全面要求，重视对学生毕业后从事任何职业都需要的一些关键或基本的能力培养，不能把培养目标的职业能力狭隘化、绝对化。

2.适应经济国际化的要求。经济国际化和全球化趋势把高职教育置于广阔的国际化背景之下。因此，构建高职的能力培养目标要走国际化道路，专业能力要引入国际先进的行业标准，职业基本能力要重视外语交流和适应国际企业管理模式的要求。

3.适应终身教育的要求。从终身教育的概念出发，高职教育不再是一种终结性教育而是“通向未来的桥梁”。因此其能力目标不仅要有专门的职业知识和技能，还要包括职业心理自我调节能力和自主创业能力。

4.适应中国经济发展的要求。中国经济不仅要承担知识经济发展带来的竞争压力，还要面临由于经济落后产生的就业困难。因此培养学生自强、自主创业的能力，应该成为中国高职教育能力培养目标的重要内容。我国现阶段高职教育能力培养目标应建构成多层能力结构模式。

为了形成高职特有的优势能力培养目标，首先要强调职业和职业岗位的针对性，尽量缩短学校与职场的距离，使毕业的学生能在最短的时间内适应特定职业岗位的要求。但同时要关注适用于所有职业的一般能力的培养，提高学生对经济社会发展的适应能力。

（二）以通用能力为核心的多层能力结构

1.具体职业岗位能力。这方面的能力要求直接由具体职业岗位的工艺流程、技术标准、劳动对象和生产工具的特点所决定，通常具有多样性、可变性等特点。在某一专业能力培养目标中，岗位技能是学生贴近职场，直接适应企业需要的优势所在。

2.专业基本能力。这是某一职业所必须掌握的基本技能，通常体现该职业领域专门性知识、技术的特征。专业基本技能应具有相对稳定性，可为学生将来在职业范围内的转岗、专业技能的提升，提供一个知识和技能的基础平台。

3.适用于所有职业的一般性职业能力。不针对某一具体的职业，从事任何工作的任何人要取得成功都必须掌握的技能，可称作通用职业能力，它具有在不同职业之间普遍的适用性和可迁移性的特点。因此，任何一种专业的培养计划，都应把通用职业能力要求列入其中，使学生具备一个现代职业人的基本素质。

高职教育能力培养目标的这三个层面缺一不可。其中一般职业能力处于核心地位，与特定的职业能力结合，形成多方位、多层次结合的能力结构体系。通用能力是能力体系中的核心要素，对其它两个能力层面具有辐射作用，同时也通过具体的职业能力来表现。

高职的通用能力培养在某种意义上与我们通常说的素质教育有相似之处，但另有职业教育的特点，我们认为，在高职课程体系中，通用能力的培养要求不应设置单项通用能力对应的课程，而应贯穿在具体专业课程之中，与专业能力的培养紧密结合在一起。而且由于高职教学的重要特点是强调实践性活动，所以对通用能力应设立独立的评价指标系统，同时采用过程性评价方式，将具体评价过程与学生完成课业、参加实习、实训等教学活动直接联系起来。

（三）通用能力目标的内容

1.自理和自律能力。指培养学生自我管理、自我调节、自我约束的能力。表现为学习、生活、工作各方面保持独立性、计划性、有序性和高效率的能力，以及遵纪守法、爱岗敬业的道德操守。自我管理、自我调节、自我约束能力是现代工业社会对职业人最基本的要求也是学生将来走向社会独立工作、独立生活重要的素质。

2.学习和发展能力。指培养学生自我学习、自我发展的能力，包括学习方法和学习态度。对高职学生而言，掌握学习方法除了掌握理论知识的识记、理解、迁移和运用的方法外，主要是掌握实践技能学习的一般规律，能对职业技能进行分解、归纳，并用来解决实际问题。

此外，培养良好的学习态度、锲而不舍的学习精神也是重要的方面。培养学生具有学习和发展的能力，使他们可能自如地、及时地获取自己所需要的知识，拓宽自己的知识领域，为自己职业能力的迁移打下良好的基础，在未来激烈的职场竞争中就会有较强的适应能力。

3.交流和合作能力。从人际交流看，高职学生要具有语言能力、表达能力、沟通能力、团队合作能力等。表达能力除了通常理解的书面、口头表达外，还应包括运用现代通讯工具以及各种非语言的表达方式。沟通能力则涵盖从组织内部到组织外部，从工作到生活方方面面的关系，包括与同事、朋友、顾客，乃至竞争对手之间交流的能力。团队合作能力包括在一个群体的融入、适应、协调、承担重任等方面的能力。善于交往、乐于合作、富有团队精神，这些良好的人际关系能力对高职学生毕业后胜任工作、成功发展乃至开拓事业都有重要的意义。

4.收集和处理信息能力。它包括运用信息技术获取信息，对信息分析、判断、选择、整合，并有效地、创造性地使用信息，为生产实践服务各个方面。对高职学生而言，较强的信息采集、鉴别和使用能力，不仅是增加了一条学习的渠道，通过获取更为广博的信息，不断提高自己的专业水平，增强自己的职业适应能力，而且可以通过运用信息，寻求更多创新、发展的机会。

5.管理和完成任务能力。针对既定的任务目标，设计实施任务的方案选择解决问题的途径，确定具体的方法和工具，并去实践、操作，在过程中不断修正方案，直至达到任务目标。无论从事技术性工作还是经营、管理类工作，管理完成任务的能力始终是直接体现职业工作水平的基本能力，在整个能力体系中具有重要地位。

6.耐劳和耐挫能力。这一素质要求对任何一个职业、岗位成功人士来说都是不可缺少的。因此，把学生推到企业生产经营活动第一线，劳其筋骨、强其体魄、练其心智，使他们吃得起苦、经得住挫折、练就强健的身体、形成良好的心态、培养自我调适的能力应该是高职教育最为重要的能力目标要求。

7.应急和应变能力。在实施和完成具体任务过程中，对突发事件、未能预期事件的即时处理能力，往往关系到整个任务的成败，而且很能反映一个人工作管理的潜能。相对而言，这是一种要求较高的能力培养目标。

8.批判和创新能力。创新是对自己已有技术、经验、观点、理论的发展，也是一定程度的否定，就此而言，批判是创新的前提。现代经济中，创新活动被认为是企业超额利润的源泉、社会进步的动力。高职教育也有必要把培养学生批判性思维和创新作为重要的能力目标，因为创新对于实现发展和创业举足轻重。

第二节　高等职业教育的教学组织模式

高等职业教育的教学组织，是指其从专业设置、教学计划、课程建设到各教学环节的安排与实施的整个过程。由于有着多种培养目标、不同层次和规格的教育任务，所以高等职业教育的教学组织也无固定模式可循，一般根据入学对象的具体情况、教学的具体要求，来确定各自不同的教学组织模式。

一、高等职业教育教学组织的特色与形式

（一）教学组织的特色

1.不同类型层次的培养目标与办学形式决定了多样化的教学组织过程

从教学要求上看：有的要求学生掌握“必须，够用”的职业理论与技能；有的是为进入某一领域就业做准备；有的是为提高和更新个人的职业能力与技术素养等等。所以这就决定了高等职业教育教学组织过程的多样性。

从学历教育上看，由于学历层次和要求标准不同，学生应具有的职业能力和知识结构也存有差异。这样他们的教学组织过程就会形成各自鲜明的特点。而非学历教育又与学历教育不同，它是一种课程组教育，一般没有完整的教学计划，理论教学和实践教学的过程交替及时间分配也没有统一的要求，呈现着“八仙过海，各显其能”的特色。

从学习时间上看，有全日制、半日制、部分时间制、季节制等，这也决定了他们的教学组织过程千差万别、多姿多彩。

2.多渠道入学的生源差别决定了多样化的教学组织过程

高等职业教育是一个很宽泛的教育层次，其生源渠道多种多样：既有高中毕业的应届生，又有在职职工；既有职高、中技和中专毕业生，又有社会待业青年。不同入学对象，自身的文化水平及业务水平不同，社会经历不同，也造成了教学组织过程的特点不同，突出表现在教学环节的安排、教学内容的组织以及教学形式的采用等方面。

3.“以能力培养为中心”的教学原则决定了多样化的教学组织过程

高等职业教育培养的目标，是高级应用型人才。因此，在教学组织的过程中，既要保证“必须，够用”的基础理论课的比例，又要突出职业技能的系统训练。同时，不同专业，不同培养目标，又形成了不同课堂理论教学形式和职业技能训练的方式，使教学组织过程丰富多彩。

（二）教学组织的形式

高等职业教育本身具有的特点，极大地制约着教学组织过程的形式。我们以高中后施教两年以上和两年以下为界限，将高等职业教育的教学过程归结为三种不同的组织形式

1.两年或两年以上学习时间的教学组织形式

这种教育以培养地方经济建设和社会发展需要的多类高级应用型人才为目标，所以在教学组织形式上，侧重于职业岗位能力培养，突出实践性教学环节的安排。而对学生所学的理论知识，坚持“必须，够用”的原则，不追求其系统性和完整性，其教育与培训有明显的应用特色。

2.短期职业培训的教学组织形式

这种短期培训的教学组织形式是在原有文化基础上进行的，采取在生产岗位上边教边学，进行各种技能的训练。同时，在训练过程中穿插必要的文化补习和职业道德教育，讲授一些相关的理论知识。目前我国多数的高中毕业生不具有职业技能，就业前对他们进行这种短期职业培训是必要的。

3.专业证书教育的教学组织形式

专业证书教育的主要教育对象是那些在专业技术岗位或技术管理岗位上工

作多年的人员。他们不仅具有普通高中、中专或职业高中以上的文化程度，而且具有初级以上技术职称。通过专业证书教育，使他们在专业知识的获取上更加系统完善，符合职业岗位需求。基于此，在制订教学计划时，应突出专业知识的传授。至于学制长短，应根据总学时多少和脱产方式的差异而有所不同，一般为一至二年。

二、高等职业教育教学组织的专业设置原则

高等职业教育院校的专业设置遵循以下原则。

（1）从地方经济发展、劳务市场的需要及社会个人就学的需要出发，主动适应地方经济建设和社会发展。同时，还要考虑到学校现有教师、设备情况以及可借助的社会条件，以保证实现培养目标的规格。

为利于专业建设、提高人才培养质量，高等职业教育院校的专业设置必须相对稳定，但对为地方培养某些急需的人才而需求量又不太大的专业，可采取灵活的方法。设置专业时，可以考虑一个专业有多个专业方向，如企业经济管理专业，可设置乡镇企业管理、工业企业管理、外贸经济管理等多个专业化方向；也可将课程设计成不同的课程组，根据不同的需要，采用多变的排列组合，构成不同的教学内容体系，以此来适应专业的临时调向。当然，更可以根据当地某一职业岗位的需要，设置与岗位对口的新专业。

（2）适应现代化科学技术的发展。现代科学技术的发展，常常使某些学科在不断分化又不断综合的基础上产生新的质变，或是从原有的学科派生出新学科，又或是在原有的两个学科之间形成边缘学科。同时，随着学科的发展，科技成果的应用也会不断产生各种新方法、新工艺、新技术、新材料，并直接用于生产第一线。高等职业教育院校的专业发展方向，要与新学科、新方法、新工艺、新技术、新材料的形成与发展所带来的新的职业岗位需要相适应。

（3）处理好两个关系。一是正确处理科学知识的广泛性与学校培养职业人才的专门性之间的矛盾。高等职业教育学制规定时间有限，只能要求学生掌握一定职业“必须，够用”的基础理论知识。二是正确处理社会需要人才的多样性、可变性与高等职业教育院校专业相对稳定性的矛盾。在设置专业时，应注意专业的业务范围，要有比较宽的覆盖面用以适应社会的需求，适应科学技术的进步和生产的不断发展，来保证专业设置和教学内容的相对稳定。

为了使高等职业教育院校在专业设置上更有针对性和灵活性，有关领导部门应在政策上给予这类院校较宽松的条件，不要用现行高校专业目录加以限制，让其在专业设置上拥有自主权。为了稳妥而科学，应充分发挥地方政府和企业对高等职业教育院校专业设置的咨询作用。

三、高等职业教育教学组织的教学计划制订原则

高等职业教育有不同的入学对象、不同层次的培养目标，自然对教学的组织实施有不同的要求。这些因素决定了它不可能套用普通高校教学计划的统一规格，高等职业教育的有些教学计划，如短期培训、专业证书教育，就制订得极富针对性、实用性，不注重所谓的“正规化”。但无论何种教学组织形式，其总目标都是为职业岗位的需求做准备，都认真地致力于学生的思想品质、职业道德，以及某种业务素质的培养。因此，在制订教学计划时应遵循以下共同的基本原则。

（一）以党的教育方针为依据制订教学计划

制订高等职业教育教学计划，要正确处理好德、智、体之间的关系，合理提出政治素质、职业道德、业务智能及身体健康的培养目标。

（二）从当代科学技术的发展和地方经济建设的实际出发来制订教学计划

制订教学计划时，要认真研究当代科学技术发展水平和趋势，分析科学技术发展和新的技术改革对高等职业教育培养人才的要求。

（三）按不同的入学对象、不同的培养目标制订不同的教学计划

高等职业教育教学计划的制订应考虑入学对象基础文化的差异，同时要突出职业教育特色，不能简单地与普通高校重复雷同。成人教育，特别是从职业岗

位招收的学生，在实践性教学环节的安排上，不应与以应届高中毕业生为对象的专业教学计划相同。

（四）制订教学计划要理论与实践相结合，两者并重

在制订教学计划时，理论教学和实践教学的安排要注意相互之间的联系和衔接。不应强调学科方面的系统性、理论性，而应突出其应用性、实用性，侧重于职业岗位中的实际应用与解决现场问题的能力培养。传授知识和培养能力是高等职业教育院校教学中紧密联系、相辅相成的两个方面。设计教学计划时，要克服过于注重学科体系的完整性倾向，要删除与形成职业品德、职业能力无关或关系不大的教学内容。

（五）制订教学计划要贯彻整体优化的原则

制订教学计划要明确各门课程、各个教学环节在完成培养目标中的地位和作用，注意他们之间的内在联系，分清主次，使之互相衔接与配合。合理地分配时间，精心设计、妥善安排，力求在规定的学制年限内达到最佳培养效果，使整个教学计划符合整体优化的原则。

第四章

高等职业教育内部管理系统控制研究

第一节　教学与科研管理系统控制

一、教学管理系统控制

高等职业教育教学管理系统应打破传统模式，在招生、学制、教学、考核和毕业证书发放等方面，都要充分体现高等职业教育自身的特色。

（一）招生方面

注重生源对象的多样化，扩大招生范围。除招收全日制高中毕业生以外，还应适量招收对口专业的职业高中、中专、技校的毕业生和对口行业的在职工作人员。

（二）学制方面

设立学分制，只要学生达到某一专业的学分要求就可以毕业。允许学生根据兴趣和能力选修不同的专业课程，使学生在必修的公共课、基础课和限定选修的专业课之外，还有充分的选课自由度，充分调动学生的学习积极性。

（三）教学方面

教学是学校工作中核心的核心，它关系到教育质量的高低、办学的成败，必须严加管理。首先要精心设计好整个教学工作的流程，然后以此来规范、控制全校的教学工作。

（四）考核方面

建立以能力考核为主、常规考试与技能测试相结合的考试制度。对公共课和基础课，重点考核学生对知识的接受程度和理解能力；对专业理论课，重点考核学生分析和解决问题的能力；对实践性较强的专业技术课，可采用口试、笔试、实践操作和技术比武等方式进行考核。

（五）毕业证书发放方面

实行“双证书”制度，即学生毕业时，不仅完成本专业课程学习领到毕业证书，而且还要参加对口或相邻行业的岗位考核，再获得国家统一颁发的职业资格证书。不然，该生不得毕业。

二、科研管理系统控制

科研与教学工作一样，历来是高等院校工作的中心。作为新兴的具有应用性办学特点的高等职业教育院校，更应不断提高科研水平，加强科研工作。只有这样，才能实现培养实践型、应用型、技术型人才的培养目标，才能提高教学质量，也才能为高等职业教育的发展打下坚实的基础。因此，高等职业教育科研管理系统须做如下的控制：

（一）加强科研管理工作，把这项工作当作一项基础任务来抓

应建立校、系两级科研管理机构，制订出适合于学校具体情况的科研政策，规划科研发展目标，并根据各实验室现有设备、人才情况，实事求是地确定科研工作范围。

在制订科研政策时，敢于在利益分配上向科研方面倾斜，如科研工作量认定、职称评定、奖金发放，要走出高等职业教育的新路。要不断增加科研投入，力争达到科研基金起码占教育经费总额的3%—5%，以保证科研所需的基本资金数目。同时，为了促进和提高科研教学工作，要把科研教学水平作为衡量教师水平的重要指标，优秀者给予晋级、晋职等方面的优先权。

（二）科研工作与教学工作紧密结合，实现科研、教学的相互促进

科研工作可以涉及公共课教学、基础课教学、专业课教学，也可以涉及思想品德教育、职业道德教育诸方面。

基础课乃至公共课教师也应关注专业发展，研究和探讨专业教学内容及其相关的问题，充实新的知识和信息，以提高教学水平、完善教学内容，适应社会

主义市场经济和技术的不断发展。

（三）用科研工作促进校园经济发展

校园经济是市场经济的一个“点”，是学校工作的一个“面”。要促进校园经济发展，就要积极开展既能与本校专业紧密结合，又合乎市场需求的科研项目，具体可采取如下措施。

（1）在工业技术开发和市场规律的探索上，要每年取得进展，重点进行既合乎市场需要又紧密结合专业的应用性科研项目的研究，为校园经济工作奠定基础。

（2）充分利用校内外实习基地和各种社会组织关系进行横向联合，与企业开展技术攻关合作。教学第一线的教师和有业务特长的管理人员，都可参加到为经济服务中去，积极开展技术服务活动，主动与科研机构、厂矿企业紧密合作，组织人力物力，接项目、搞会战。

（3）要重视校办企业科研工作，将其列入科研管理之中。对校办、系办、处办企业一视同仁。建立健全各项管理制度，从计划到奖励都要有章可循。还要在人员、政策，特别是技术配备、技术指导等方面给予足够的支持。鼓励校内项目在校内首先开花，必要时组织力量攻关，鼓励更多的优秀人才从事校内企业的技术开发、技术服务工作。在收益分配、职称评定上，要与校内其他岗位平等对待，甚至有所倾斜。

（4）努力建设一支高层次的科研队伍。保证科技人员有足够精力从事科研工作，人、财、物要与项目配合，保证科研队伍的相对稳定并逐步提高层次。

（5）还要积极争取上级主管部门或地区、市、县某些协会和组织的支持资助。

（6）要重视人文社会科学的研究，尤其是在职业教育理论的探索上，更要加大力度。

第二节　师资与学生管理系统控制

一、师资建设与管理系统控制

素质高、数量足的师资队伍是教学工作正常运转的关键，也是提高教学质量的基本保证。高等职业教育对师资的素质更有着特殊的要求。这是因为高等职业教育院校是以培养生产一线的应用型人才为特征的。这种应用型人才主要强调对生产一线所需知识的掌握，以及如何灵活应用于生产实际、解决实际问题。无疑，这就决定了高等职业教育院校的教师要具有“双师型”素质，在教学中能做到理论与实践相结合。要实现这种“双师型”师资队伍的配备，需做出以下努力。

（一）抓好师资队伍的思想建设，提高教师的思想政治素质

这其中最根本、最主要的就是要注重引导他们认真学习毛泽东思想和邓小平建设有中国特色的社会主义理论，加强思想政治工作、加强爱国主义教育、加强热爱职业教育的信念，激发教师的教学热忱，增强其责任感和敬业精神，在教师中树立起高尚的职业道德观、培养良好的教风。

（二）通过各种渠道，采取切实有效的措施，培养教师的“双师型”素质

（1）各校要建立青年教师定期到实践中锻炼提高的制度。新分配来校的青年教师必须先到实践中锻炼一年，考核合格并达到相应助理一级技术职称的工作水平，方可回校任教。专业课和实习指导教师，三年中至少要有半年的时间到对口工作岗位上去工作、实习，以熟悉本专业的知识在实际工作中的应用情况和发展动向。院校还要与厂矿企业和科研单位挂钩，使每个教师都能经常参加科技开

发和生产实践。这样不仅可以促使教师理论水平得到进一步深化，同时也能锻炼教师提高解决实际问题的能力。这大大有利于教师职业理论和职业实践经验的双重素质培养。

（2）充分利用已建立起来的科研、生产基地，充分发挥现有实验室的作用，利用这些设备条件锻炼我们的教师队伍。要使每一位专业教师不仅能承担理论教学任务，而且能承担实验教学任务和实验室建设工作。

（3）在充分发挥校内老教师作用的同时，定期聘请科研、生产单位和其他院校的专家、教授来讲学，在大面积受益的基础上，实行对青年教师的传、帮、带。

（4）有计划、有目的地选送一些教师外出进修和深造，不仅在国内，还应创造条件让他们到国外去进修。这也是培养“双师型”教师队伍的重要环节。

（5）通过技术咨询、技术服务，鼓励教师多渠道承担工厂企业的技术开发，或协助企业研究、解决生产中的实际问题。

（6）专业课教师还可以带领学生下厂进行生产实习、毕业实习，以熟悉生产实际，拓宽教学改革思路。

（三）高等职业教育的教师可以评定双重职称

教师既可评定教师职称，又可根据他们从事和指导学生实践工作的能力，评定相应的专业技术职称。对有“双职称”的教师，在晋升工资、评定职务时，同样条件下予以优先。这样可以激励教师提高实践能力的积极性和自觉性。

（四）高等职业教育院校的教师队伍结构必须是专兼型

兼职教师主要从事专业和专业基础课的教学。“以专为主，专、兼结合”是职业教育院校教师队伍结构的重要特色。它有利于优化教师队伍结构和提高人才资源的利用效率。可以说“无专不稳定，无兼难适应”。这些兼职教师都是各部门专业性较强的专家、学者或能工巧匠，他们来校讲课，讲授书本上学不到的实际生产经验技术，既是提高教学质量的需要，同时也是学校通向社会的一个重要窗口，对改革学校的行政管理、教学管理、后勤管理和毕业生就业，都是一项重要措施。

（五）重视师资队伍的群体建设，优化教师结构

师资队伍的群体结构，即所谓的“老、中、青”三结合、合理的“学术梯队”等。其结构越合理，越能使不同年龄层次、职务层次的人才各施所长、相互配合，发挥其最佳的整体效能，进而促使人才的茁壮成长。

对教师队伍还可采取“扬长分流”，即根据教师不同特长，把教师队伍优化组合为教学、科研和科技开发三支队伍，擅长教书育人的以教学为主；擅长学术研究的以科研为主；擅长科技开发应用的，以从事科技开发服务为主，激发教师的个体活力，提高教师队伍的整体效能。鼓励基础课教师兼教专业课，专业课教师兼教基础课，有利于基础课、专业课之间的紧密结合与沟通。

（六）加强对青年教师的继续教育与培养提高

加强对青年教师的继续教育与培养提高，既能解决高等职业教育教师年龄结构的“断层”问题，又是今后建设新型教师队伍的战略措施，关系到高等职业技术院校是否能有较强大的师资阵容。

对青年教师的培养提高可采取以下措施。

（1）加强对青年教师的岗前培训工作。对新补充的青年教师集中时间进行校规校纪教育、职业道德教育、教学方法教育，组织他们学习有关教学理论，为正式上岗打下良好基础。

（2）切实抓好青年教师的社会实践这门必修课，组织他们参加内容丰富、形式多样的社会实践活动。如下基层“挂职”锻炼；结合教学科研任务，开展教育与科技服务活动；结合带领学生实习，进行社会调查、考察研究等。在参加实践活动中，要求他们坚持与工农相结合，坚持理论与实践相结合，坚持科学态度与求实精神相结合。

（3）实行导师制。选择中、老教师骨干做青年教师的导师，定任务、定目

标、定期考核，使他们一开始就在中、老年骨干教师的正确指导下工作，少走弯路。

（4）实行“倾斜”政策。为培养造就年青一代学科带头人，可制订一些优惠政策以作激励。如优秀青年教师晋升高级职称的特殊政策；优秀青年教师住房分配的优惠政策；优先安排脱产进修；优先组织和支持他们参加国内外各种学术活动；优先选派出国深造；以及在评优、选模、职称评定等方面明确规定青年教师应占一定比例等等。还可设置青年教师“成才奖”和“科研基金”等，以便青年教师脱颖而出，引导他们成才上进。

（七）加强师资队伍建设的领导与管理

提高各级领导对师资队伍建设重要性的认识，并切实制订、实施一系列有关制度与措施，这是搞好师资队伍建设的最关键环节。

第一，在师资队伍建设的领导方面，要从思想上重视，树立战略观点，克服短期行为。要把师资队伍的建设和管理工作列入院校党政工作的重要议事日程，制订全校中、长期发展规划；学校要有一名校级领导分管师资工作，并协调人事、教学、科研、财务和后勤各部门共同配合。

第二，学校要设立专门机构，如教务处成立师资科或指定专人专门负责此项工作，定期研究。要制订相应的教师进修制度，做到有计划、有步骤、有目的地对教师轮流培训等等。

第三，省教委要加强对全省职业教育院校的领导与管理，为教师的进修、晋职创造有利条件，对教师的教学科研工作给予大力扶持，及时调配师资力量，对优化师资队伍结构给予方方面面的支持。

在师资建设的管理方面必须建立必要的管理制度，使管理工作科学化、制度化、规范化。如对教师的学习、进修、职前和在职培训，听课评课，教书育人，传、帮、带，晋职提升等，都要做出明确规定，使师资管理工作有章可循。要对教师实行优劣动态的评估机制，深化改革学校内部的人事、分配制度和师资管理制度，调整职务聘任中的政策导向，不断完善职务聘任制以及改革师资队伍管理模式，等等。

二、学生管理系统控制

高等职业教育院校要为地方经济建设和社会发展培养合格的高级应用型人才，就必须加强学生在校期间的管理工作，以保证培养目标的实现。

（一）理顺学生思想教育工作控制体系

院校党委要充分认识学生管理工作的重要性，从校级领导中挑选一名政策素质高、业务能力强、有事业心、有责任感的青年干部，主抓学生工作，并设置学生处、学工部，作为全校的职能部门隶属其下。同时系里任命一名主抓学生工作的副主任；各专业下属的班级都要配备一名政治辅导员，形成一个学生管理工作的网络。另外，还要发挥群体作用，党委宣传部、德育教研室、团委等部门齐抓共管，增强实效。

（二）建立健全学生管理规章制度

学生管理的规章制度是在校大学生学习、生活、行为的规范，是管理系统运行的保证。因此，高等职业教育院校要针对本校培养目标和学生特点，制订一系列规章制度。诸如“学籍管理制度”“入学与注册制度”“成绩考核与记载办法”“升级与降级制度”“转系（专业）和转学制度”“休学、停学与复学制度”“退学与试读制度”“考勤制度”“奖励与处分规定”“宿舍管理规定”“宿舍安全管理规定”等等。

（三）大力改革学生思想教育工作

社会主义市场经济体制的确立，为思想教育工作的改革提供了广阔的新思路和活动的大舞台。高等职业教育院校的学生思想教育工作必须立足改革，树立新观念。

1.用建设有中国特色的社会主义理论武装青年学生

这就是说，要对新形势下提出的各种课题，市场经济给社会带来的诸多新视点、难点和热点，能及时、有力地运用建设有中国特色的社会主义理论，向学生做出解释，帮助他们消除各种思想困惑和疑虑。

2.改革和充实思想教育工作内容

邓小平同志倡导的“要精，要管用”五个字，是改革青年大学生思想教育内容的根本原则。当务之急是突出爱国主义教育，挖掘和利用各种宝贵的教育资源，把爱国主义教育引向深入。同时要适应市场经济开放性、创新性、竞争性和发展性的特点，强化学生乐于接受新观点、新生活、守时惜时、敢闯敢干、勇于拼搏的竞争和创新意识。

3.探索思想教育的新路子和新方法

思想教育不能只是理论灌输、口头说教，而应充分运用民主的自我教育方式。如组织学生在德育课堂上讨论、辩论或现身说法等，在潜移默化的自我教育中明事理；利用学生所学知识组织服务队，开展便民服务、青年志愿者活动等，让学生在社会实践中得到锤炼。

另外，要注意发挥社会大课堂对学生的思想教育作用，建立社会实践基地，积极组织学生参加社会实践。还可请各级领导来校介绍当地经济建设形势、英雄人物等；也可请专家、学者来校做报告；每搞一次活动，都要争取有一定的实际效果。

第三节　后勤管理系统控制

一、后勤的职能

后勤是高等职业教育院校教学、科研工作组成部分之一，它担负着学校“三服务，二育人”的重任。后勤工作的职能是：负责制订后勤工作的总体规划，制订年度和学期的后勤工作计划，下达工作任务及布置经费使用；组织制订后勤工作的改革方案、规章制度及奖惩办法；负责全面检查、考评后勤的工作服务质量、管理水平、服务态度，并提出具体的奖惩意见；负责协调后勤服务科（室）、产业与学校的关系；对后勤产业具有计划、管理、协调、发展的工作职能。

二、后勤的新体制

改革后勤的管理体制，精简后勤的机构；转变后勤管理职能，形成高等职业教育院校后勤服务社会化的新体制，即小机关、多实体、大服务、社会化的管理模式。

小机关：减少担负行政职能的部门和人员，仅留办公室、房管科、设备科、安全技术科为总务行政职能部门，按照职责承担后勤工作。

多实体：在后勤产业中，建立多个实行企业化或半企业化管理、独立经营、独立核算、走服务社会化路子的生产经营型自负盈亏的实体。对这些产业的管理政策是企业经营与后勤行政管理分开，人事管理上享有高度自主权。

大服务：指总务处要主动为学校提供或实施多层次、全方位服务。总务科以岗位职责为工作制度，为学校提供物质保障服务；修缮科以成本核算为基点，为学校提供生活服务；幼儿园利用学校的优越条件，开展对内、外服务等。

三、后勤规章制度的完善

转换后勤的管理机制，变人治为法治。要完善后勤的岗位工作职责，制订出水、电管理办法，科（室）职工优化组合管理规定，干部聘任工作条例，以及总务处“三服务，二育人”的规范条例，总务处廉洁奉公措施等。做到有章可循、有法可依，对出现的各种问题都能用制度、条例规定去处理。

第五章

高等职业教育科研工作与对策研究

第一节　高等职业教育科研工作的必要性

高等职业教育要不要科研工作？其必要性在哪里？我们认为应从以下三方面来分析：

一、高等职业教育在高等教育中所处的地位使它必须搞科研

高等职业教育院校在我国成立的时间并不长，但它的发展却非常迅速，在短短的十五六年时间里竟发展到了87所。这一事实说明，这类院校的发展是符合教育规律的，是有生命力的。它弥补了高等教育的某些不足之处，其突出特点应该有两点。其一是地方性，这一特性可以从以下几方面来说，一是它的招生来源仅限于当地范围，二是它的服务对象是地方经济，三是它的经费来源于地方财政。其二是应用性，即它培养的学生不是从事基础研究的，而是从事由潜在生产力转化为现实生产力这一链条的中下游工作，即开发试验到定型生产这一阶段。其主要任务就是把已有理论和技术应用到实际工作中去。高等职业教育的这两个特点使得它必须搞科研工作，其理由如下。

（1）地方性使得高等职业教育除为地方培养所需的人才外，还必须围绕地方经济建设进行技术开发、技术咨询、技术服务，能够为地方经济发展增强竞争力。否则，高等职业教育就不会在当地人们的心目中、在经济界和政府里有较高的社会地位，就会失去必要的经济来源，也没有达到地方政府当初举办高等职业教育的目的。政府或企事业单位会把这部分财力投到其他人才培养渠道上去，如电大、与外地高校联合培养等等，而不会再投入很大财力、人力和物力去办学。

（2）应用性使得高等职业教育应承担它在科研这一链条中的分工。高等职业教育在我国高等教育中所处的地位，使得它必须担负起科技转化为生产力的责任。同时，由于它更接近生产实际，更了解当地经济所面临的问题和社会需求，它就更容易承担起这份责任。国外的高等职业教育基本上就是依照这样的思路来从事科研工作的。否则，它就会蜕变成高级技工学校。

二、从科研工作与教学工作的关系来看，高等职业教育必须从事科研工作

高等职业教育属于高等教育范畴，是高等院校的一部分。高等学校与中小学的区别之一就在于它有探索知识、促进技术进步的责任。它的课程设置、内容安排，都要根据科学技术的变化而不断变化。因此，我们可以从以下几个方面分析科研工作与教学工作的关系：

（一）科研工作可提高教师的知识水平

任何一项科研工作都需要科研人员具有丰富的知识，都会促使科研人员为完成科研任务努力探求本课题所涉及的最新知识、搜索国内外有关这方面的成果、了解这方面的发展动态，从而使科研人员具有较深和较广的知识。而从事高等职业教育的教师，通过自己亲身参加科技开发等科研工作，同样也会提高自己的动手能力，加强自己对科技—经济一体化的理解。这样，教师在讲课中就能充分把握本学科的知识体系，加强教学的针对性，并能旁征博引，使学生取得举一反三的收获。

（二）科研工作可促进教学计划的完善

教学计划从短时看是稳定的，从长期看是变化的。教学计划变化的依据是由教学目的和达到此目的所需的知识而定的。当前职业岗位所需的知识水准决定了与教学目的相一致的科研工作，通过研究职业岗位群的现状和未来，可使教师充分了解培养目标应具备的知识结构，发现当前教学计划的利弊，从而使教学计划在动态中不断完善。

（三）科研工作可提高学生的实际动手能力

教师有技术开发课题，可让学生参与，把一部分适合作毕业设计题目的内容作为学生的毕业设计。这样，学生通过在老师的指导下亲自参加技术开发工作，不仅可以完成毕业设计任务，而且能得到实际锻炼，为日后工作打下一个良好的基础。

（四）科研工作可促进专业与课程建设

高等职业教育专业的开设与调整是根据社会发展的需要决定的，而不是学校有什么学科带头人就办什么专业。而课程建设，也绝非按学科要求来安排，是按适应岗位群的职业能力要求来确定。基于此，高等职业教育急需开展科研工作，研究社会、研究岗位、研究人才。这就需要教师进行大量的社会调查，掌握来自各岗位群的动态与静态信息，以触准社会发展的脉搏，洞察哪行哪业缺乏哪方面的人才，再从眼下与长远的角度进行论证，最后确定开设什么专业。同时，还要进一步通过研究这种岗位群的特点及人才智能的要求，确定设置哪些专业课程与相关课程。很显然，这种科研工作无疑会大大促进高等职业教育的专业与课程建设，促进高等职业教育更好地为经济建设与社会发展服务。

三、从高校教师能力的评判标准来看，高等职业教育院校应该开展科研工作

我国高等职业教育院校的教师职称系列与普通高校教师职称系列是相同的，其评判标准也是由普通高校教师职称评审委员会统一制定的。在评定标准中，对教师发表论文的质量和数量，以及是否承担过科研课题都有明确的要求。因此，高等职业教育院校应该开展科研工作。

科研是高职院校的一项重要工作，高职院校的科研方向能否合理、恰当以及准确定位，对高职院校的科学研究有着重要的影响，不仅关系到高职教育科研特色的培育，也关系到教学建设和人才培养，乃至地方社会经济的发展。

科研工作是高职院校重点工作之一，是高职院校内涵发展的重要内容。高等职业教育的职业性、实用性、针对性、技能性决定了高职教育科研工作的特殊

性。因此，高等职业教育的科研工作必须科学定位，充分体现自身特色，切忌错位考量、盲目攀比。既要区别于中等职业教育职业性、技能性特点的教研方向，又要有别于普通本科教育的学科性、学术性的科研特点。高等职业教育的科研工作主要表现为两个方向：其一，专业教师科研的技术性和实用性，即通过产学研结合的研究，将已知的科学原理与技术应用于实践，从而转化为现实生产力的方法和技术，发挥其对行业或企业现实的指导作用；其二，基础课教师的科研方向应该定位在教学的指导性，即通过对教育教学规律的研究，实现为生产、建设、管理、服务一线培养应用技术型人才的目标，发挥其对职业教育改革与发展的指导作用，从而使高等职业教育的科研方向、科研层次、教师的科研能力等现实与普通高校所要求的科研工作形成一种本质的区别。

四、高职与普通本科科研方向区别的依据

（一）培养目标

科研方向要紧贴培养目标进行，科研方向与培养目标应相辅相成、和谐一致，科研要服务于培养目标，科研的目标不能远离办学培养目标而孤立进行，否则，将失去科研在本类院校中的价值。办师范院校要研究教育，办医科院校要研究医疗卫生，那么，办高等职业教育，就要明白高职研究目标和内容。高等职业教育特定的培养目标决定了高职教育不是研究、探索和发现未知领域的科学原理和科学技术，而是将已知的科学原理与技术应用于实践，从而转化为现实生产力的方法和技术；是研究教育教学规律，实现为生产、建设、管理、服务一线培养应用型技术人才的目标。

（二）师资队伍

师资队伍的配备与学校的性质、层次是相符的，在我国高水平师资资源并不是十分充足的条件下，无论学历要求或能力要求都不可能超越学校层次大规模配备，并建立这样的师资队伍。研究型大学师资的聘用几乎都是博士，而高职院校评估即使达到优秀标准，硕士比例也超不过50%，所以，学校的层次、师资队伍的层次决定了研究方向的可能性，师资队伍的现状不可能脱离应有的科研标准，这是由师资队伍的现状决定的，超越层次的科研方向只能是理想化。所以，与该层次的师资队伍相匹配、相适应的研究方向应该紧贴培养目标。例如，即使说作为我国旗舰型高职院校-深圳职业技术学院，几乎有100名令人羡慕的博士，有超过50%硕士的师资，即使这样的师资队伍如何与国内作为旗舰的本科院校北京大学和清华大学同日而语？所以科研要以务实的态度，不能理想化。

（三）资金保障

任何科研得以顺利进行都需要有雄厚的资金作保证，科研资金的来源一是获得赞助性支持，一是创造性成果回报。作为技能型人才培养层面上的职业院校不可能在世界、在国内尖端领域有很高的影响，创造出在社会上很有影响和价值的、可转化为生产力的巨大财富的可能性不大。可以说，高等职业技术院校靠获得社会支持和创造性成果回报作为科研经费局限性太大。所以，高职院校经费中资金开支部分与研究型大学的使用结构有很大区别，科研在研究型大学中处于重要的位置，也有较大比例的资金支持，而高职院校资金保障的重点除教学外，很大程度是用在实践实训上，所以科研资金投入有限。

（四）社会声誉

在我国，本科院校有几十年甚至上百年的历史，而高职院校起步比较晚，办学质量及人们的认识还没有达到高度信任的程度，仅仅理解为劳动力的培养，在思想上带有偏见，主观上认为差距甚远。如汽车制造业，目前尽管我国通过引进技术等手段很大地提升了我国自主汽车制造水平，但我国与发达国家汽车制造水平还有几十年的差距，可见技术开发与创新难度之大。相信我国汽车制造业者在产品开发和科技创新中首先想到的是与科研院所或本科高校合作，而不是首先想到与高职院校合作，即使高职院校有这样的水平。因此，社会声誉对高职院校科研发展的影响是客观存在的。

五、高职科研方向的科学性

（一）教学性-科研的主要内容

职业技术院校的主要任务是教学，高职教育由于历史短，办学经验还较少，专业设置、课程开发、教材建设、教学方法、实践实训、技能考核、学风建设等都需要漫长的探索和完善过程，可以说是我国职业教育未开垦的处女地。因此，教学研究应该是高等职业教育科研的主要内容。高等职业教育科研的方向集中在教学上，有利于提高教学质量和效率，提高社会声誉。比如说目前全国范围内都在关注的高职课改，比如说刚刚结束的职业教育工作会议，温家宝同志提出的“建立有中国特色的职业教育”等，有高职教师施展科研的巨大空间，从一定意义上讲，就目前如何在生源素质文化偏低、实践实训条件不足、双师队伍薄弱、校企结合无制度保障的条件下，寻求提高教学质量的途径就有着深刻丰富的内容。即使将来，随着各种条件的变化仍然会出现一些新的课题，又需要在教学中投人新的人力和物力。

（二）技术性-科研的核心和重点

高等职业院校科研方向的技术性是由培养目标的职业性决定的。高等职业教育是为社会输送技能型、应用型人才的，那么，为哪里输送人才就应该为哪里提供服务。既然高职院校是为企业需求服务，那么不仅要重点为企业提供现在急需的、熟练的初级或中级劳动者，更要能够帮助他们解决在生产过程中发现函待解决的问题。因此，高职院校的技术性存在与本科院校科研方向学术性的本质区别，高职教育的科研方向应为企业提供指导，为企业技术创新提供帮助，解决困难；高职科研的方向应该成为企业技术革新、技术创造的引领者，应该成为企业技术发明的辅助园地。

（三）学术性-科研的辅助内容

前面两者的特点并不排除高等职业院校在一定层次上的学术性，承担一定学术含量很高的科研有利于开拓师资队伍的科研能力和视野，有利于提高高职师资队伍的科研水平，但这种学术性一定要紧贴着高等职业的办学方向、教育教学和技能技术。高职教育科研方向的学术性要服务于教学性和技术性，切忌在高等职业院校中把学术性作为核心和重点，要有所为有所不为，避免在操作层面上“情有独钟”而“力不能达”，不要因为高职师资队伍结构和教学目标的重要而忽视了高等职业教育科研的学术性。

总之，高等职业教育自身的办学条件与特殊的培养目标，决定了在科研方面的特殊性。离开特殊性谈科研，必将偏离高等职业教育科研方向的科学性。

第二节　高等职业教育科研工作的现状与成因分析

尽管高等职业教育应该从事科研工作，但由于成立时间较晚，科研条件还不完善，科研工作与教学工作相比还有一定差距。

一、高等职业教育科研工作的现状

（1）科研经费少。由于高等职业教育经费主要来自地方财政（基本上是地、市级财政），财政普遍吃紧，无力在自己财力内拨出科研专款，而横向课题和纵向课题又比较少。据我们统计，从事高等职业教育的教师年人均科研经费只有100元左右。

（2）科研项目少。按校自立项目、横向项目、纵向项目统计，教师每年每百人只有两项。

（3）科研条件不完善。从硬件投入和软件建设两方面来分析，高等职业教育硬件投入偏低，软件建设不系统。教师人均科研设备仪器价值不到1万元，人均资料费每年不超过5000元。

二、高等职业教育科研工作现状的成因分析

高等职业教育院校科研工作现状的成因可分为两部分：一部分是环境因素，另一部分是科研人员自身的因素。

（一）环境因素

1.学术气氛不浓

由于高等职业教育院校创建之初大都没有固定的教师队伍，更无科研设备。后来，大学毕业生才陆续分配来做教师，同时，又从企事业单位调入一些人员。加之高等职业教育院校成立时间不长，教师之间还没有形成梯队，可以说这是学术气氛不浓的原因之一。

2.奖励机制不健全

因高等职业教育对科研工作的地位和意义认识不到位，所以在住房、晋升等方面没有相应的激励政策，这无形中使教师失去搞科研的积极性和主动性。

3.科研工作组织机构不完善

高等职业教育建立之初大都没有设立科研处。随着学校规模的扩大和人员的增多，有一部分院校陆续筹建了科研处，专职管理科研项目的选择、论证、立项和与科技管理部门的联系与沟通。但直到1996年，仍有近50%的高等职业教育没有设立科研处，有关科研方面的工作仍由教务处 管理。

（二）科研人员自身因素

1.教师数量不够

随着学科的分化与学科的综合不断往纵深方向发展，科研工作已不是某个人单独所能完成的，它已成为一项复杂的集体劳动，需要由不同专业人员共同参加才能完成。但由于高等职业教育建立时间短，专职教师数量有限，再加上课堂教学与实践课教学任务偏重，很难组织科研小组，这就限制了高等职业教育科研工作的进展。

2.教师科研素质较低

高等职业教育的教师学历偏低，大都为本科毕业生，硕士生和博士生数量有限。同时，有些专业课教师动手能力较差，实践经验不足，这些因素直接影响科研工作的开展和质量。

第三节　高等职业教育科研工作对策研究

由前两节论述可知，科研工作对高等职业教育立足社会、健康发展是至关重要的。因此，应尽早采取措施，加快科研工作步伐。

近年来，高职教育在我国得到了长足发展，目前高职院校的学生约占高校学生的一半。截至2012年，我国独立设置的高等职业技术学院超过1200所，占全国高校总数70%左右，高职在校生超过1300万，占全国高校在校生的比例超过50%。高职院校大力开展科学研究工作，既是培养技术技能型人才不可缺少的途径，也是服务区域经济社会及实现自身内涵发展的客观要求。当前，立足经济全球化和建设“中国梦”的时代背景，高职院校科研管理工作创新既是时代赋予高职院校科研管理部门的使命，又是高职院校科研管理工作自身的需要。

一、高职院校科研管理工作现状分析

（一）科研基础薄弱

相当数量的高职院校是由原来的中专、成人高校、职工大学升格或合并而来。高职院校主要培养生产、建设、管理、服务第一线的高素质技能型专门人才，因此这也决定了高职院校科研的特点。高职院校的科研人员主要是以该院校的教师为主，一方面，由于教学任务重，对于适合高职教育发展、与区域经济联系密切的应用研究和开发研究没有投入足够的时间和精力，缺乏足够的认识和了解，教师对科研有心无力，缺乏主动性和广泛参与性。另一方面，众多本科高校科研实力雄厚，高职院校无法比拟，申报课题、成果均难以有效果，产生了畏难情绪。

（二）科研管理机制不完善

科研管理机构不健全。多数高职院校由于成立时间短、科研工作起步晚、科研定位不明确，导致科研管理机制不完善。与很多本科高校相比，在科研管理机构、管理制度、管理水平等方面均有较大差距。据有关资料显示，我国40%的高职院校没有专门的科研管理机构，大多把科研管理部门与教学管理部门合二为一，部分高职院校的科研管理部门还要兼办学报；有的高职院校虽然设立了专门的科研管理机构，但机构设置简单，缺乏专门的科研管理人员，部门工作职责混乱，科研工作形式化、表面化，缺乏科学规范的管理平台。

（三）科研资源不足且利用率不高

一是科研团队尚未形成。高职院校内部院系之间、实验室之间以及研究人员之间合作交流不够，研究力量分散，课题组中单干的多，科研团队难以形成。二是科研设备小而散。高职院校的科研设备就是教学设备，真正为科研而添置的设备极少，且教学设备片面追求大而全、小而全，导致教学仪器设备重复购置，投资绩效不高，科研资源相互封锁也较为严重，使跨专业交叉研究开展面临许多困难。

（四）科研团队尚未形成

美国学者认为，团队是指有一定的互补技能，愿意为了共同目标而相互协作的个体所组成的正式群体。在高职院校中，科研团队常常是以“课题”为导向而建立起来的研究群体。高职院校科研基础薄弱、研究水平偏低还有一个重要的原因，就是师资力量薄弱、科研骨干稀缺，特别是中青年骨干科研人员数量较少，专业带头人及科研梯队的建设相对滞后，科研队伍不够稳定、研究目标不明确、研究方向分散，导致研究力量整体分散，不能形成强有力的稳定科研团队。

二、高职院校科研管理工作创新对策

（一）科研管理理念创新

要加强高职院校的科研管理工作就必须正确认识和理解科研工作的内涵、作用和意义，认清自身存在的不足，树立正确的科研观。首先要确立“以人为本”的管理理念。科研管理工作要紧紧围绕调动科研人员的积极性和主动性开展。其次，科研管理人员要有较强的服务意识，为科研工作人员提供各类科研信息等服务，让科研工作人员及时了解科研项目申报、结题、科研成果奖励申报的详细信息，及时做好准备工作。

（二）科研管理政策创新

一是政策的制定要建立在对高职院校自身科研现状、特点和规律的研究以及可行性论证基础上，使管理政策具有针对性；二是科研政策对科研工作方向起导向性作用。即高职院校科研管理政策要将教师科研活动引导到与学院的定位和发展目标相一致的发展方向上，主要进行实用技术的应用研究、针对岗位的基础研究和核心技术的应用研究、工艺研究，以及高职教育教学和人才培养研究，以提高教师的教育教学能力以及职业技术应用能力；三是建立健全科研管理制度，对于科研管理，要从工作流程、质量标准、过程管理、等方面进行细化，使科研管理人员在工作中有章可循，科研人员在科研活动中有据可依。

（三）科研管理方法创新

高职院校科研管理的信息化和标准化程度反映了科研管理工作的效率和水平。信息技术发展日新月异，科研管理建立起与之相适应的新科研管理模式，实现科研管理的信息化、标准化，从而保证科研管理工作的及时、高效。

1.建立和完善科研管理流程。应根据不同院校的科研工作特点建立合理的科研管理流程，包括从科研项目的申报、科研项目的过程管理、科研项目的结题（鉴定）管理、科研项目经费使用、科研项目成果奖励申报、科研档案管理等整个管理流程，以保证科研管理工作的有序和高效。

2.建设专业化的科研管理队伍。专业化要求科研管理人员能了解高职院校科研管理特点和规律，具有强烈的责任心和实事求是的工作态度，具有开拓创新精神，具备多视角、辩证的思维方式和对新事物的敏锐的感受性，具有组织协调和实际管理能力，具备专业知识和较为深厚的科研功底。

3.构建合理的院、系二级科研管理机制。首先，合理的院、系二级科研管理机制能更有效地整合科研资源，组织科研团队。众所周知，科研的主体是教师，学校的教师主要分布在各教学系，他们处于教学、实训的第一线，最能从实际中发现问题、开展研究。且教师按专业分布，容易组成一个科研团队。其次，合理的院、系二级科研管理机制能推动学校科研管理的健康发展，让各系参与科研管理，能及时反馈意见、提出建议，避免某些科研管理制度脱离实际、流于形式。再次，合理的院、系二级科研管理机制能充分调动各系参与科研管理的积极性与主动性，能更有效、准确、全面地评价教师科研能力，有利于科研工作在学校开展。

（四）科研管理模式创新

1.激励机制创新。美国心理学家弗隆认为，人之所以能够从事某项工作并达成组织目标，是因为这些工作和组织目标会帮助他们达成自己的目标、满足自己某方面的需要。激励机制的主要作用应该是能起到激发、振作的作用，充分调动广大教师从事科研工作的积极性，激发他们的创造性，使之在这种机制的作用下，更深刻地认识到高职院校科研工作的重要性。进一步健全高职院校的科研管理机制，发挥竞争、激励、约束和评价等政策在科研管理工作中的正面导向作用，让它们有效纳入科研管理工作的有机整体之中。激励方式主要有目标激励、政策激励、经济激励、情感激励等。激励机制中，政策导向十分重要，在教师科研初期，给予有力的政策支持尤为重要。因此，进行激励时，要处理好努力与绩效、绩效与奖励、奖励与满足个人需要的关系。

2.评价机制创新。评价机制的作用主要体现其对科研工作实际意义和效果的评价。评价机制主要由两部分构成，即评价制度和评价机构。这一机制的核心就是要建立公平、客观和准确的科研业绩评价体系，必须把科研成果的质与量结合起来进行综合评价。应将定量管理与定性管理相结合，鼓励科研人员多出成果，更要鼓励科研人员多出高质量的成果，使科研人员在数量中求质量，在质量中显数量，促进高职院校的科研工作在质与量上达到统一。

3.约束机制创新。有些科研管理政策需要有详细的规范、标准和管理程序，需要规定科研工作者有所为有所不为，以保证科研投入的利用率，使科研工作落实到位；约束机制的作用主要在于对科研行为的规范，无论是纵向课题、横向课题，还是对论文质量衡量都必须进行约束，否则将给科研工作带来负面影响。高等职业教育的职业性、技能性、实用性决定了高等职业教育科研方向的特殊性，既要区别于中等职业教育职业性、技能性特点的教研方向，又要有别于普通本科教育的学科性、学术性的科研特点。教学性是高等职业教育科研主要内容，技术性是高等职业教育科研的核心和重点，学术性是高等职业教育科研的辅助内容。

科研是高职院校自我发展的内在动力，我们要高度重视高职院校开展科研工作的重要性和必要性，对此，高职院校要不断创新科研管理模式，建立和完善相应的培育机制和激励机制，科学调控和引导科研工作的发展，努力开创高职院校科研工作新局面，为高职教育教学改革服务，为区域经济社会发展服务。高等职业教育院校不是不要科研工作，而是要对科研工作有一个合理的定位，即要根据自己所处的社会地位、师资情况，选择与高等职业教育发展方向相吻合的科研目标，以科研工作促进教学工作，使科研工作与教学工作有机地结合起来。这样，高等职业教育不仅能为本地经济建设输送合格的专业人才，而且还能解决当地经济发展中所遇到的技术问题，从而确立高等职业教育的社会地位，使它的发展充满生机。

三、领导要从高等职业教育发展战略高度认识科研工作

高等职业教育科研工作开展得如何与领导有密不可分的关系。可以说，领导重视与否是一项工作成败的主要因素。因此，各级领导要从高等职业教育发展战略的高度认识高等职业教育的科研工作，不可把科研工作看成是高等职业教育可有可无的工作。目前，有些领导认为高等职业教育本身不具备科研工作条件，也没有进行科研工作的必要。结果使其科研工作没有像教学工作那样受到重视，给高等职业教育带来了损失。基于此，领导要对科研工作的含义有个明确的认识。所谓科研工作，包括的面是很广的，既包括尖端技术，也包括实用技术。

四、健全组织机构

科研工作是一项系统工程，它包括科研前、科研中、科研后三个阶段。科研前阶段包括科研项目的选择、科研人员的组织、科研资料的收集、科研项目的论证、科研项目的申请立项等；科研中阶段包括科研人员的时间协调、设备协调、资金协调等；科研后阶段包括项目的鉴定、成果的评定、专利的申请、科研成果的推广应用等。这些工作一环紧扣一环，一环出问题就会影响整个科研工作的进行，而这些工作通常又很烦琐，需专门机构及专门人员负责。为此，院校领导要有专人负责科研工作，设科研处，专门负责项目的选择、论证、立项等日常工作。除此之外，科研处还要做好科研后工作，要为项目的鉴定、评奖做好组织工作，为项目的推广应用做好中介工作。各个系、部也要有人负责科研工作，并把科研工作作为考核系、部工作成绩的指标之一。

五、完善激励机制

科研工作是一项非常艰苦的工作，它既是一种复杂的脑力劳动，又是一种复杂的体力劳动。因此，对从事科研工作的人要有合理的机制，以激励其搞科研工作的劲头。就目前高等职业教育的情况而言，一般没有专职从事科研工作的人员，大都是教师业余时间兼职搞的，因而它的激励措施要从以下几方面入手。

（一）教学工作量方面

教学工作量一般来说具有三个方面的作用：一是核发奖金的依据；二是职称评定的依据；三是年终考评的依据。对科研工作而言，要从后两个方面进行激励，就是要把科研工作量按一定比例转化为教学工作量，这一教学工作量可以不发给奖金，但要作为职称评定和年终考核的依据。

（二）收入分配方面

在收入分配方面，高等职业教育要有改革的勇气，建立一种宽松的环境，针对不同类型的科研课题制订相应的政策。一般来说，对于纵向课题，院校可收取2%的管理费；对于横向课题，可收取3%的管理费；其余部分全由个人支配。院校所收取的管理费再投入到科研中，使其形成良性循环。院校的创收应主要从科研成果转化方面入手，通过科研成果的转让、自生产等环节为学校创收，而不应该把科研经费作为创收的手段。

六、营造浓厚的科研氛围

高等职业教育也需要有自己特色的科研氛围，院校应该经常请一些发明人员到校讲述他们的构思过程，派教师到相应企业参加新产品开发。这样可使教师既有参与科研的积极性，又能提高科研的能力，从而搞活学校的科研氛围。

七、学校要逐渐增加科研经费的投入

科研项目的选取需要有个过程，在这一过程中需要有一定的经费投入。另外，有一些科研项目因种种原因不能马上立项申请到科研经费，对这些项目，如认定有前途，院校也应支持，给予前期启动费用，鼓励他们把项目搞下去。为了使科研经费投入有保证，院校可按院校经费的一定比例提取科研经费。

参考文献

[1] 杨晓丽．学案导学法在高中思政课的应用研究[D]．济南：鲁东大学，2016.

[2] 何晖．智慧校园背景下湖北第二师范学院思政教育网络平台构建[D]．武汉：湖北工业大学，2016.

[3] 康月磊．"互联网+"环境下高校思政理论课教学研究[J]．当代教育实践与教学研究，2016,(11):27-28.

[4] 李秀芳，王鑫．高校思想政治理论课教师与辅导员育人协同机制研究[J]．思想政治课研究，2016,(4):46-50.

[5] 何衡，李霓，洪松林．浅析"目标视域下第二课堂思政教育管理"——以高职医学生思政理论课为例[J]．教育教学论坛，2016,(27):67-68.

[6] 郑新欣．高校思想政治理论课教学与大学生党建的互动研究[D]．温州：温州大学，2016.

[7] 王志新．新疆普通高校青年思政教师条件性知识调查研究[D]．乌鲁木齐：新疆师范大学，2016.

[8] 刘艳娇．民办高校思政课教师队伍建设研究[D]．西安：西北农林科技大学，2016.

[9] 彭永东．思想政治理论课网络教学应用路径研究[J]．宝鸡文理学院学报：社会科学版，2015,(5):94-97.

[10] 雷彬．全球化背景下高校思政教育参与式教学管理探讨——评《思想政治教育理论与教学实践研究》[J]．当代教育科学，2015,(18):73.

[11] 占光胜．论高校思政教育教学中激励理论的应用[J]．改革与开放，

2015,(10):85-86.

[12] 王昕程．高校官方微博的思想政治教育功能及其实现[D]．济南：山东大学，2015.

[13] 赵周娟．高职院校学生思想政治教育实效性研究[D]．西安：西北农林科技大学，2015.

[14] 薛海．教师专业发展视野下的高校思政课教学团队建设路径选择[J]．阜阳职业技术学院学报，2015,(01):22-24，45.

[15] 祁晓英．如何增强高校思想政治理论课的实效性初探[J]．读与写：教育教学刊，2015,(3):65-66.

[16] 张哲．思想政治教育空间论[D]．兰州：兰州大学，2015.

[17] 石其保．探究高校辅导员与专业教师思政教育管理协同理论下的联动[J]．读与写：教育教学刊，2014,(7):31.

[18] 商姚，付真珍，郭培．在川高校教育部人文社科基金思政教育立项课题统计分析[J]．西南交通大学学报：社会科学版，2014,(4):89-93.

[19] 吴冰芸．中学思想政治课导学案设计[D]．郑州：河南大学，2014.

[20] 向武军．高校在思政建设方面的管理分析[J]．才智，2014,(6):20-21.

[21] 张莹．管理协同理论下的高校辅导员与专业教师思政教育联动[J]．开封教育学院学报，2014,(1):209-210.

[22] 周楚婷．云南大学学生“思政课”学习态度调查研究[D]．昆明：云南大学，2013.

[23] 丁琦．安徽省高校思想政治理论课中青年教师队伍建设现状研究[D]．合肥：安徽农业大学，2013.

[24] 安蓉泉．为思政课教育搭建入脑入心的“立交桥”——杭州职业技术学院思政教育的“融”理念及其实践[J]．观察与思考，2013,(4):35-39.

[25] 孙圣雅．网络时代职业学校思政教育管理工作的问题与对策探析[D]．济南：鲁东大学，2013.

[26] 王莹．高职院校思想政治理论课实践教学探究[D]．合肥：安徽农业大学，2012.

[27] 冯爱芹．高校思想政治教育目标管理研究[D]．南京：南京财经大学，2012.

[28] 柳荔．当前高校思想政治理论课考核存在的问题及对策研究[D]．武汉：华中师范大学，2011.

[29] 潘懋元．新建本科院校的办学定位与特色发展[J]．荆门职业技术学院学报教育学刊，2007.7:1-4.

[30] 潘懋元．中国当前高等教育发展中的若干问题[J]．龙岩学院学报，2006.2:1-4.

[31] 苏楠．国务院常务会通过中长期教育改革和发展规划纲要[OL]．中国政府网，2010.5.

[32] 三明学院．全国本科院校研讨会在三明学院召开[0L]．新华网福建频道.2007.11.14.

[33] 潘懋元，董立平．关于高等学校分类、定位、特色发展的探讨[J]．教育研究，2009.2:35-40.

[34] 潘懋元．我对高等职教的看法——在“全国本科院校高职教育协会第四次学术年会”上的发言[J]．职业技术教育，2004.18.

[35] 唐翔．新建应用型本科院校特色建设研究[J]．徐州工程学院学报，2006.21:10.

[36] 顾志良．应用型本科院校人才培养模式的探索与实践_以上海工程技术大学办学经验为例[J]．教学建设与改革，2005.10.